D1702063

Rupert Berndl

Bombenalarm und Care-Pakete
Kindheit von 1943 bis 1948 in Passau

Rupert Berndl

Bombenalarm
und Care-Pakete

Kindheit von 1943 bis 1948 in Passau

SüdOst Verlag

Bibliografische Information der Deutschen Nationalbibliothek

Die Deutsche Nationalbibliothek verzeichnet diese Publikation in der Deutschen Nationalbibliografie; detaillierte bibliografische Daten sind im Internet über http://dnb.dnb.de abrufbar.
ISBN 978-3-86646-755-2

1. Auflage 2016

ISBN 978-3-86646-755-2

© SüdOst-Verlag in der Battenberg Gietl Verlag GmbH, Regenstauf
www.gietl-verlag.de

Titelbild: Eisenbahnbrücke, Stadtarchiv Passau; Junge, Rupert Berndl

Inhaltsverzeichnis

Vorwort

Der Begriff „Kriegskinder" wird im heutigen Sprachgebrauch üblicherweise verwendet, wenn von den zwischen 1930 und 1945 Geborenen die Rede ist. Versucht man zu erfassen, wie Kinder den Zweiten Weltkrieg und die darauf folgenden Nachkriegsjahre erlebten, so scheint diese Zeitspanne zu groß. Denn es liegt auf der Hand, dass beispielsweise 10–15-Jährige den Krieg mit all seinen Auswirkungen und Folgen weit intensiver und bewusster erlebten, als Kleinkinder. Ganz zu schweigen von den in den letzten Kriegsmonaten Geborenen, die allenfalls vage Erinnerungen an die späten Nachkriegsjahre haben dürften. Gerade in den einzelnen kindlichen Entwicklungsstufen weisen Wahrnehmung, Aufnahmefähigkeit, Urteilsvermögen und emotionale Einordnung des Erlebten sehr große Unterschiede auf. Möchte man dem Phänomen nachspüren, wie junge Menschen den Krieg durchlebten, scheint es sinnvoll, einen jeweils entsprechend kürzeren Geburten-Zeitrahmen zu wählen.

Deshalb möchte ich bei den folgenden Erzählungen, den geschilderten Episoden und authentischen Berichten den Zeitkreis enger ziehen und mich auf die Kriegsgeneration beschränken, die zwischen 1938 und 1943 das Licht der in arge Unordnung geratenen Welt erblickte. 1940 geboren, erinnere ich mich vor allem an die beiden letzten Kriegsjahre und die schwere Nachkriegszeit. Zahlreiche unvergessliche, oftmals dramatische Erlebnisse haben sich offensichtlich so tief in die kindliche Psyche eingegraben, dass sie sich immer noch deutlich vor dem geistigen Auge abzeichnen. Und je intensiver ich mich mit dieser längst vergangenen Zeit beschäftige, umso mehr Bilder drängen mit erstaunlich klaren Details an die Oberfläche.

Meine frühesten Erinnerungen reichen zurück in die Zeit, als ich so um die drei Jahre alt war. Vage Bilder, Situationen, kurze Abläufe sind es, die da auftauchen. Derlei Sequenzen werden ab dem vierten Lebensjahr zunehmend konkreter, detaillierter, umfangreicher. Ab diesem Alter nimmt die Anzahl der Erinnerungsbilder ständig zu. Sie werden dichter, präziser und werden begleitet von Geräuschen, von Lärm und Worten, von einer Vielzahl unterschiedlichster Sinneseindrücke. Selbst Gerüche sind im Gedächtnis erstaunlich gut haften geblieben. Nur ganz allmählich gesellt sich zu diesen Wahrnehmungen zunehmend das gesprochene Wort. Es sind die überwiegend ganz persönlichen Erlebnisse, die ich hier aufzuzeichnen versucht habe. Sie bilden die Grundlage dieses Buches. Dabei ist natürlich die Gefahr ziemlich groß, dass das eigene Erleben mit den Erzählungen der Eltern und Verwandten, mit den Familienfotos verschwimmt. Diese Gefahr hält sich jedoch insofern in Grenzen, da in unserer Familie erstaunlicherweise nur selten und dann auch nur eher andeutungsweise über diese schlimme Zeit gesprochen wurde.

Gut 70 Jahre nach dessen Ende sind die Spuren des Zweiten Weltkriegs immer noch nicht verweht, sind die Erinnerungen daran noch nicht gänzlich verblasst. Die Verletzungen und Wunden von damals haben sich nur langsam geschlossen und in Narben verwandelt. So gesehen leben wir nach wie vor in einer Art Nachkriegszeit. Die Auseinandersetzungen mit dem Krieg, seinen verheerenden Folgen und mit dem Nationalsozialismus beeinflussen und bestimmen letztlich bis in die Gegenwart herauf die europäische Politik, unser gesellschaftliches Miteinander und nicht zuletzt auch unser kulturelles Leben. Es gibt kaum eine öffentliche Gesprächs- oder Diskussionsrunde, in der nicht auch die leidvolle Vergangenheit angesprochen wird. So lassen beispielsweise auch viele künstlerische Arbeiten in ihrem Gegenwartsbezug Anspielungen auf die NS-Zeit erahnen.

Umso merkwürdiger ist es, dass sich die Generation, die in dem gewählten Zeitfenster geboren wurde, nach wie vor recht zurückhaltend und schweigsam zeigt. Und nun sterben sie langsam aus, die Kriegskinder. Allein zwischen 2012 und 2014 sind 1,4 Millionen Angehörige der 1930 bis 1945 Geborenen verstorben. Rund 9,8 Millionen von ihnen leben noch. In wenigen Jahren werden die letzten Zeitzeugen der Kriegs- und Nachkriegsjahre weg sein und den nachfolgenden Generationen ähnlich fremd erscheinen wie die Vertreter anderer längst vergangener Zeitepochen. Wenn diese Generation nun geht, verliert sich auch das, was diese Frauen und Männer erlebt haben: die Erinnerungen an dramatische Geschehnisse, an Angst und Schrecken, an Hunger und Not. Empfindungen und Bilder, die viele von ihnen tief in sich verschlossen hielten. Meist aus Scheu, dass eventuell alte seelische Wunden wieder aufbrechen könnten. Sicherlich aber auch aus dem Gefühl heraus, dass das Durchstandene wahrscheinlich niemanden interessieren würde.

Es ist schon einigermaßen erstaunlich, dass sich die Betroffenen mit ihren Erlebnissen und Erfahrungen nur selten, und wenn überhaupt, erst so spät zu Wort melden. Die Gründe dafür sind vielschichtig. Zum einen mag man es irgendwie als Aufgabe empfinden, gegen Ende des Erwachsenenalters eine Art Bilanz zu ziehen, das Erlebte zu sortieren und einzuordnen. Zum anderen hatten die meisten der zwischen 1938 und 1943 Geborenen eigentlich nie so recht Zeit, über das Vergangene groß nachzudenken, eigene Befindlichkeiten zu reflektieren. Sie sind hineingeboren in eine Epoche, in der es vordringlich um das Überleben ging. Sie haben als Kinder in der Regel gut funktioniert, lernten sich anzupassen, waren eher unauffällig. Die Schule wurde als große Chance begriffen. Nach ihren Empfindungen und Erlebnissen hat zunächst niemand gefragt. Sie sind ins Berufsleben eingetreten, haben beim Wiederaufbau zugepackt, haben eine Familie gegründet, ein Haus gebaut und mit einem gewissen Selbstverständnis ihr Leben gemeistert. Die täglichen Anforderungen nahmen sie voll und ganz in Anspruch. Die Deutschen, die den Zweiten Weltkrieg überlebten, gelten ganz allgemein als ausgesprochen tüchtig, fleißig und geradezu unverwüstlich. Sie waren es schließlich, die das Land wieder nach vorne brachten. Da war keine Zeit, Erinnerungen nachzuhängen. Und jetzt sind sie alle in Rente. Die Kinder sind aus dem Haus. Und auf einmal stellen die meisten von ihnen fest, dass sich immer häufiger das Kind von damals meldet. Völlig unerwartet kehren Erinnerungen zurück: die Nächte im Luftschutzkeller, die Zerstörungen, das Sirenengeheul. Bei manchen drängen die schrecklichen Erlebnisse von Evakuierung, von Flucht und Vertreibung aus den vermeintlich fest zugedeckelten Tiefen der Psyche an die Oberfläche des Bewusstseins. Vor allem den Kindern in den Städten waren Angst, Hunger und Kälte ständige Begleiter. Sie kannten kein normales Leben. Das Spielen im Freien war zu gefährlich, die Wohnungen boten keinen ausreichenden Schutz. Viele Tage und Nächte mussten sie in Luftschutzkellern zubringen. Die Bilder von Not, Zerstörung und Tod brannten sich als dramatische Bilder unauslöschlich in die kindlichen Seelen. Die moderne Psychologie bezeichnet das als Traumatisierung.

Vor allem in den ländlichen Gebieten, die vom direkten Kriegsgeschehen nicht oder nur wenig berührt wurden, blieben den Kindern der angesprochenen Generation diese schlimmen Erlebnisse weitgehend erspart. Sie hatten kaum Not, hatten überwiegend ausreichend zu essen, hatten ein Dach über dem Kopf und waren geborgen in ihren Familien. Der Krieg hinterließ hier in den kindlichen Seelen keine großen bleibenden Schäden. Das Schicksal der Kriegskinder verlief also individuell ganz unterschiedlich. Trotzdem haben sie eines gemeinsam: Der Krieg hat sie nachhaltig geprägt.

Derzeit jähren sich zum 70. Mal Kriegsende beziehungsweise Nachkriegszeit, und deshalb berichten die Medien vermehrt über diese tiefgreifenden Wendepunkte in der europäischen Geschichte. Das mag auch ein Grund dafür sein, dass in denen, die diese Zeit noch bewusst erlebten, längst vergessen geglaubte Bilder wieder hochkommen, Erinnerungen wach werden. Allenthalben mischt sich auch das Bedürfnis dazu, Erlebtes an die nachkommende Generation weiterzugeben. Durchaus getragen von dem Empfinden, durch die Schilderung dieser harten Zeiten nachdenklich zu machen.

Vielleicht ist es gerade in unseren Tagen wichtig, von den Schrecken des Krieges und seinen schlimmen Folgen, dem Elend, von Ängsten und Entbehrungen zu erzählen. In Anbetracht der beängstigend vielen Krisenherde, die zunehmend unseren gesamten Globus überziehen, der zahllosen Flüchtlinge, die Schutz suchen vor Gewalt und Terror, könnten die Berichte der Kriegskinder-Generation dazu beitragen, die Sinne der Nachgeborenen zu schärfen für den Erhalt des Friedens. Eines Gutes, das es uneingeschränkt zu bewahren gilt.

Wir kannten es nicht anders

„Ach die armen Kinder! Was die im Krieg alles durchmachen mussten." Mitleid und Bedauern schwingen bei diesen Feststellungen mit, wenn sich das Gespräch um unsere Generation dreht. Objektiv betrachtet mag das auch durchaus zutreffen. Subjektiv, also aus dem Blickwinkel der zwischen 1938 und 1943 Geborenen gesehen, trifft das verständlicherweise eigentlich nicht zu. Wir waren in diese schwere Zeit hineingeboren. Wir kannten ja nur den Krieg mit all seinen Begleiterscheinungen. Im Gegensatz zu unseren Eltern waren uns die Vorzüge einer angenehmen Friedenszeit nicht bekannt. Die Voraussetzungen für ein abwägendes Vergleichen zwischen der Kriegszeit mit all ihrem Elend, ihren vielfältigen Entbehrungen und einer harmonisch heiteren und sorglosen Friedenszeit war uns schlichtweg nicht möglich. Frieden hatten wir bis dahin eben nicht erlebt. Unser Leben war von den unmittelbaren Auswirkungen und den Folgen des Kriegsgeschehens bestimmt. Krieg war Alltag. Das Schlange stehen vor den Geschäften war für uns somit ganz normal. Im Gegensatz zu den Erwachsenen vermissten wir eigentlich nichts. Schokolade, Orangen und Bananen gab es nicht und kannten wir nicht, also gingen sie uns auch nicht ab. Ebenso verhielt es sich mit dem Begriff „Angst". Wir hatten eigentlich keine Angstgefühle, wenn die Sirenen heulten und der enge, stickige Luftschutzraum im Kellergeschoss möglichst rasch aufgesucht werden musste. Ich empfand das immer eher als ein spannendes Spiel, eine Art Wettrennen in den Keller. Wir waren als Kleinkinder gar nicht in der Lage, die stets drohenden Gefahren richtig einzuschätzen. Lediglich das eigenartige Verhalten der Eltern, vor allem der Mutter beunruhigte und ängstigte mich. Die aufkommende Hektik, wenn im Volksempfänger die Marschmusik verstummte und stattdessen diese tiefen, traurigen Töne aus dem Lautsprecher erklangen, überlagert von einer scharfen Stimme, die irgendetwas vermeldete, das ich nicht verstand. Verwirrend waren auch das Gejammer, das Klagen der Erwachsenen und ihre angstvollen Augen. Als kleines Kind kann man die Befindlichkeit der Menschen überwiegend nur aus deren Mimik und Gestik schließen. Das gesprochene Wort und die daraus sich erschließenden Zusammenhänge lassen sich, bedingt durch die nur allmählich fortschreitende Entwicklung des rationalen Denkens, erst mit den Jahren voll umfänglich über die Sprache erfassen. So sind es also fast ausschließlich stark beeindruckende Ereignisse, die in Form von Bildern und filmartigen Abläufen im Gedächtnis haften bleiben. Eine nicht selten relativ dichte Folge von ungewöhnlichen oder dramatischen Ereignissen, wie sie Kriegszeiten unweigerlich mit sich bringen, hat sich in den Tiefen der kindlichen Psyche unauslöschlich festgesetzt. Szenen, an die sich Erwachsene vielleicht gar nicht erinnern, weil sie bestimmte Situationen anders beurteilen als Kinder und damit auch anders einschätzen und empfinden. So erklärt sich auch, dass in den Köpfen der Kriegskinder in der Regel sehr viel mehr Bildmaterial abgespeichert ist, als bei Gleichaltrigen, die in geordneten, vergleichsweise ruhigen Friedenszeiten aufwuchsen oder aufwachsen.

Wenn ich mich ganz bewusst an die Kriegszeit zu erinnern versuche, so tauchen vor meinem geistigen Auge zwar auch verschiedene feste Bilder auf, überwiegend jedoch filmartige Bildsequenzen unterschiedlicher Länge. Eine zeitliche Zuordnung fällt dabei schwer, weil ich damals als Kind verständlicherweise nicht in der Lage war, die Chronologie der Abläufe und Handlungen in eine folgerichtige Zeitstellung zu bringen. Nur durch einen Abgleich des Erlebten, begleitet von meinen abgespeicherten Empfindungen und Sinneseindrücken, wie Tag, Nacht, Kälte, Schnee oder Sonne mit den offiziellen Daten und historisch gesicherten Zeitangaben, gelang es weitestgehend, das Erlebte in einen chronologischen Kontext, in eine logische Abfolge zu stellen.

Im Folgenden möchte ich nun versuchen, meine mehr oder weniger präzisen Erinnerungen an die Zeit zwischen etwa 1943 und der Währungsreform 1948 widerzugeben. Also meine ganz persönlichen Erlebnisse aus diesen Jahren so zu beschreiben, wie ich sie damals als kleiner Junge empfand. Dabei ist mir durchaus bewusst, dass meine Geschichten sozusagen lediglich exemplarischen Charakter haben können. Denn jedes Kind unserer Generation hatte natürlich seine ganz eigenen Erlebnisse. Die Gemeinsamkeiten liegen wohl in den äußeren Gegebenheiten, im Kriegsgeschehen und seinen vielfältigen Auswirkungen.

Eltern in schwierigen Zeiten

Im Gegensatz zu heute waren die Mütter damals fast ausnahmslos nicht berufstätig. Sie versorgten den Haushalt und kümmerten sich um die Kinder. Kindergärten waren noch nicht üblich, und die wenigen, die es gab, wurden in den letzten Kriegsjahren überwiegend geschlossen. Unverheiratete junge Frauen wurden als Flakhelferinnen (Flak = Fliegerabwehrkanone) eingesetzt oder zur Produktion von Munition und anderem Kriegsgerät herangezogen.

Die schier grenzenlose Zahl an vielfältigsten Fertiggerichten, die heute die Arbeit in der Küche erleichtern und den Zeitaufwand beim Zubereiten von Speisen auf ein Minimum reduzieren, gab es in dieser Zeit nicht einmal ansatzweise. Die Hausfrau verbrachte in der Regel täglich viele Stunden am Herd, um aus den vergleichsweise wenigen Grundnahrungsmitteln schmackhafte und abwechslungsreiche Gerichte zu zaubern. Selbst die

1 | *Kriegshilfsdienst 1944, Scheinwerferbatterie zum Erfassen feindlicher Flugzeuge bei Nacht, vielfach Frauenarbeit*

Babynahrung musste nach bewährten Rezepten selbst gefertigt werden. Die Wäsche, Kleidung und auch die Stoffwindeln wurden in der Waschküche im Keller ausgekocht, am so genannten Waschtisch kräftig mit Seife gebürstet, im kalten Wasser geschwenkt, ausgewrungen und zum Trocknen auf die Wäscheleine gehängt. Knochenarbeit. Waschmaschine, Trockner, Geschirrspülmaschine, Fön und Küchenmaschinen … Fehlanzeige. Hausfrau und Mutter war ein absoluter Fulltimejob. Und nachdem die weit überwiegende Mehrheit der Männer zum Kriegsdienst eingezogen war, lastete darüber hinaus auch noch die gesamte Verantwortung für die Familie auf den Schultern der Frauen und Mütter. Zu der täglichen Sorge um das Überleben der Kinder und der Alten gesellte sich die ständige Angst um ihre Männer, Brüder und Väter. Viele Frauen mussten in diesen schweren Zeiten mit außerordentlichen Herausforderungen fertig werden. Vor allem in den Städten, die unter den fürchterlichen Bombardierungen und den schlimmen Auswirkungen eines erbarmungslosen Krieges vergleichsweise am meisten litten.

Die weit überwiegende Anzahl der wehrfähigen Männer, unserer Väter, war zum Kriegsdienst einberufen worden. Sie sahen ihre Familien nur ganz selten. Je höher in den letzten Kriegsjahren die Verluste an der Front wurden, umso mehr Männer wurden zu den Waffen gerufen. Jetzt blieben auch die Bauern und Knechte nicht mehr verschont, die bisher wegen der dringend notwendigen Produktion von Lebensmitteln auf den Höfen unabkömmlich schienen. So wurden nun vor allem die unverheirateten jungen Frauen und Mädchen in die vakanten Arbeitsplätze gezwungen. Sie arbeiteten überwiegend in der Landwirtschaft und in der Rüstungsindustrie. Bald schon gab es in den Großstädten nur noch Trambahnschaffnerinnen, saß eine Frau im Leitstand der Lokomotive. Schließlich wurde sogar das Beschäftigungsverbot für verheiratete Frauen aufgehoben und durch ein Pflichtjahr in der Haus- oder Landwirtschaft ersetzt.

Vater und Mutter

Mein Vater Rupert Berndl kam 1909 als Sohn eines Zollsekretärs in Ludwigshafen am Rhein, also in der zu dieser Zeit bayerischen Pfalz, zur Welt. Nach wenigen Jahren wurde mein Großvater an die Zollstation nach Eisenstein an der Grenze zur Tschechoslowakei versetzt.

Im Anschluss an die Volksschule besuchte Vater die Glasfachschule in Zwiesel. Die Ausbildung hier musste er jedoch nach einigen Jahren wieder abbrechen, da Großvater an das Hauptzollamt in Passau versetzt wurde. Die Familie zog in ein Haus in der Lederergasse, das bald schon erworben werden konnte. Nach dem Abschluss einer Zimmererlehre wurde Vater an einer Ingenieurschule in Regensburg ausgebildet. Als junger Bauingenieur war er zunächst beim Bau der Autobahn am Chiemsee und einige Zeit später beim Bau des Krankenhauses in Passau beschäftigt, ehe er als Beamter in die Dienste der Deutschen Reichsbahn eintrat. Bald nach Kriegsbeginn wurde ihm die Leitung eines Bauzugs übertragen, den er in den Kriegsjahren im Rang eines Oberleutnants bei den Eisenbahnpionieren führte. Hier im Osten bestand seine und seiner Männer Arbeit vor allem im Umspuren der breiteren russischen Spur auf die schmälere westeuropäische Spurbreite, um den Nachschub mit allen möglichen Gütern zur Front zu gewährleisten. Demzufolge waren die Eisenbahnbauzüge stets unmittelbar hinter der vordersten Front im Einsatz.

2| *Bauzug bei Umspurarbeiten, Nähe Swerdlovsk, Russland*

Die Gefahren, die damit verbunden waren, lagen auf der Hand und waren natürlich auch meiner Mutter sehr bewusst.
Vaters Bauzug musste aufgrund der militärischen Lage im Winter 1944/45, wie alle anderen militärischen Einheiten auch, den Rückzug antreten. *Die extreme Kälte und der viele Schnee setzten ihm und seinen Leuten arg zu.* Sie kamen durch die weiten Ebenen Russlands nur langsam voran und landeten endlich im ausgehenden Winter 1945 in Regensburg. Hier war diese Eisenbahnpioniereinheit zusammengestellt worden und hier endete zunächst auch ihr Einsatz. Zurückgekehrt nach Passau, hatte Vater mit einem Teil seiner verbliebenen Mannschaft dafür zu sorgen, dass die Gleisanlagen hier einigermaßen betriebsbereit blieben. Vor allem nach den ständig zunehmenden Bombenangriffen auf den Passauer Bahnhof hatten die Zerstörungen in dessen Umgriff ein Ausmaß angenommen, das vernünftige Reparaturarbeiten kaum mehr zuließ. Zudem mangelte es an den nötigen Maschinen, Transportmitteln und Baumaterialien.

Meine Mutter Ida Berndl, geborene Riedl, wurde 1910 als Tochter eines Eisenbahninspektors geboren und wuchs in Pfarrkirchen auf. Sie besuchte dort die Höhere Mädchenschule. Nach deren Abschluss zog sie mit ihren Eltern nach Passau, die eine Dienstwohnung am Spitzberg bezogen hatten, und fand Anstellung bei einer Spedition. Nach wenigen Jahren aber wurde sie 1937 dann der Hitlerjugend (HJ)-Dienststelle Passau zugewiesen. Diese leitete damals Herr Wirthensohn, den Erzählungen meiner Mutter nach ein sehr angenehmer, menschlicher Vorgesetzter. Mehrfach musste sie an HJ-Ferienlagern der jüngsten Gruppe als Betreuerin teilnehmen und war für die kleinen Buben oftmals Mutterersatz, wenn diese das Heimweh allzu sehr plagte. Eng verbunden mit der HJ-Dienststelle scheint der in dieser Zeit von offizieller Seite als recht aktives Mitglied der NSDAP geschätzte Lehrer Max Mattheis zu sein. Seine meist in Mundart verfassten Gedichte und Erzählungen passten wohl inhaltlich und sprachlich in das zweifelhafte Weltbild der nationalsozialistischen Machthaber. Da meine Mutter unsere niederbayerische Mundart in Wort und Schrift beherrschte, wurde sie von Fall zu Fall dazu abgestellt, die Texte von Max Mattheis druckreif in die Schreibmaschine zu tippen.

3 | **Mutter mit Kinderwagen, Passau Angerstraße**

1936/37 hatten sich meine Eltern kennengelernt und gingen 1938 den Bund der Ehe ein. 1940 erblickte ich das Licht der Welt. Mitten im Krieg. Ich wuchs ohne Geschwister auf, was ich eigentlich immer bedauerte. Alle meine Schulkameraden hatten Brüder und Schwestern. Ich nicht. Ich beneidete sie, aber manch einer beneidete wiederum mich. Vor allem, wenn es, was auch immer, zu teilen galt.

Jugend und Erziehung während der NS-Zeit

Bei allen Urteilen über die Ansichten der Kriegskinder-Generation und die wertende Einschätzung ihres Sich-Einfügens in die Gesellschaftsordnung nach Kriegsende, darf man nicht außer Acht lassen, dass viele der Jungen und Mädchen ideologisch vorgeprägt waren. Denn in einem Gesetz von 1936 wurde verpflichtend festgelegt, dass „die gesamte deutsche Jugend in der Hitlerjugend zusammengefasst" wird. Der Verband für die Jungen nannte sich „Hitlerjugend" (HJ), für die Mädchen wurde der „Bund Deutscher Mädel"(BDM) eingeführt. Diese Einrichtungen übernahmen die gesamte Erziehung außerhalb des Elternhauses und der Schule. Auf diese

4| *BDM und HJ, Passauer Spielschar, Fürstenzell*

Weise wurde die Freizeit der Kinder total kontrolliert und zur Vermittlung nationalsozialistischer Ideologien missbraucht. Zentrales Anliegen der nationalsozialistischen Erziehung war die Vorbereitung auf den Einsatz im Krieg, entweder als Soldat oder als Hausfrau und Mutter an der so genannten „Heimatfront". Zur Umsetzung dieses Zieles war der NS-Staat bestrebt, die Erziehung der Kinder und Jugendlichen der Einflussnahme durch das Elternhaus zu entziehen und auf staatliche Institutionen zu verlagern. Vor allem Eltern, die das Naziregime in ihrem Innersten ablehnten, sollte weitestgehend jede Möglichkeit genommen werden, ihre Kinder entsprechend zu beeinflussen. In vielen Familien wurden kritische Äußerungen zum politischen Geschehen vor den Kindern vermieden. Zu groß war die Angst vor unbedachten Bemerkungen der Kinder in der Schule und in den Jugendverbänden. Die Furcht vor einer unbeabsichtigten Denunziation war groß.

Anfang 1939 wurden sämtliche zur HJ in Konkurrenz stehende Jugendorganisationen, vor allem die kirchlichen, verboten. Gleichzeitig erklärte man die Mitgliedschaft in der HJ und die Teilnahme an deren Veranstaltungen, wie Sportfesten, Heimabenden, Ausflügen und mehrtägigen Fahrten, zur Pflicht. Natürlich übten Sommerlager und ähnliche Aktivitäten auf die Jugendlichen, die ansonsten Ferienfahrten nicht kannten, einen besonderen Reiz aus. Geführt wurden die Kindergruppen von älteren Jugendlichen. Nicht selten herrschte hier ein militärischer Drill.

5 | *HJ, Zug mit Trommlern, Passau*

Auch in anderen Bereichen wurden die Kinder und Jugendlichen verpflichtend eingesetzt. Häufig wurden sie auf die Straße geschickt, um scheinbar kriegswichtige Sammlungen durchzuführen. Dabei wurde nicht nur Geld, sondern auch Kleidung für Bedürftige und Wintersachen für die Frontsoldaten gesammelt. Sie trugen Altmetall zur Wiederverwertung in der Rüstungsindustrie zusammen und sammelten Kräuter, wie Arnika, Kamille und Brennnessel, zur Herstellung von Arzneien und Salben. Die im BDM organisierten Mädchen wurden als Aushilfskräfte in Kindergärten und Lazaretten verpflichtet oder sprangen wegen des zunehmenden Lehrermangels als „Hilfslehrerinnen" ein. In den letzten Kriegswochen wurden Hitlerjungen sogar zum Wehrdienst herangezogen und als Flakhelfer eingesetzt. Zu Beginn des Jahres 1940 wurden schließlich auch die 10 bis 14-Jährigen in die Kinderverbände der HJ gezwungen. Die Buben waren im „Jungvolk", die Mädchen im „Jungmädelbund" organisiert. Dabei mussten die Kinder bei ihrer Aufnahme in einen der Verbände den Treueschwur auf den Führer ablegen und bekamen einheitliche Uniformen zugeteilt. Wer keiner dieser Organisationen angehörte, war in der Berufswahl stark eingeschränkt beziehungsweise durfte nicht studieren. Jüdische oder behinderte Kinder und Jugendliche wurden nicht in die HJ aufgenommen.

Sicherheit für Großstadtkinder – die Kinderlandverschickung

Bereits ein Jahr nach Kriegsbeginn musste die Regierung erkennen, dass vor allem die deutschen Städte mit Einrichtungen der Rüstungsindustrie oder solche, die als Verkehrsknotenpunkte bedeutsam waren, vom Bombenkrieg besonders bedroht waren. Folglich setzte ab Ende 1940 die Evakuierung der Kinder aus den gefährdeten Orten ein. Diese vorsorgliche Maßnahme bezeichnete man als „Kinderlandverschickung". Das Wort „Evakuierung" vermied man ganz bewusst, um keine Ängste aufkommen zu lassen. Oftmals wurden ganze Klassenverbände in Jugendherbergen, Klöster und Schulen auf dem Land verfrachtet. Kleinere Kinder brachte die so genannte „Volkswohlfahrt" in Pflegefamilien unter. Verständlich, dass die Trennung von der Familie stets mit viel persönlichem Leid verbunden war. Zunehmend weigerten sich die Mütter, ihre Kinder unbekannten Fremden anzuvertrauen. Insgesamt wurden bis Kriegsende über zwei Millionen Kinder auf diese Weise evakuiert.

So gesehen hatte ich einfach großes Glück, dass ich die Kriegsjahre in der kleinen, strategisch wenig bedeutsamen Stadt Passau verbringen durfte. Wohlbehütet und umsorgt von meiner Mutter. Die Beziehung zwischen uns beiden war verständlicherweise sehr eng.

Fronturlaub

In den Kriegsjahren befand sich Vater mit seinem Bauzug in Russland und kam höchstens zwei mal im Jahr nach Hause. Manchmal blieb er zwei Wochen hier, meistens jedoch fiel der Urlaub kürzer aus. Im Sommer 1943 war er, bis zum Rückzug gegen Ende des Jahres 1944, zum letzten Mal auf Heimaturlaub bei uns. In einem Rucksack und seinem hölzernen Offizierskoffer hatte er allerhand Lebensmittel mit nach Hause transportiert. Mehl, Zucker, Konserven, Fett in Dosen. Für Mutter wahre Schätze in diesen Notzeiten. Schätze, die für mich als kleiner Dreikäsehoch jedoch völlig unwichtig waren. Ich interessierte mich nur für die Bonbons, die Vater auch mitgebracht hatte. Die waren echt von allergrößter Bedeutung. Bunt waren sie und eingewickelt in durchsichtiges Papier. Derlei Leckereien waren mir völlig fremd. Süßigkeiten gab es bei uns schon einige Zeit nicht mehr. Wahrscheinlich habe ich Papa mit vielen Fragen zu den Bonbons gelöchert, denn wenn ich auf seinem Schoß saß, erzählte er mir viel über die Bonbons und ihre Entstehung. Er berichtete von einer großen Fabrik mit hohen Türmen, in die über einen riesigen Trichter ständig Zucker eingefüllt wurde, und von vielen Rädern, die sich ohne Unterlass drehten, worauf unten durch eine glänzende Öffnung Tag und Nacht diese herrlich süßen, farbigen Bonbons herauspurzeln würden. Dann sprach er von Getreidefeldern, deren Ende man wegen ihrer unermesslichen Größe nicht sehen konnte. Diese wenigen, märchenhaft klingenden Erzählungen konnte ich mit meiner kindlichen Phantasie erfassen. Sie beschäftigten mich offensichtlich so sehr, dass sie sich zu phantastischen Bildern formten, die sich bis heute bewahrt haben. So verband sich bei mir mit dem ansonsten recht abstrakten Begriff „Krieg", in den mein Vater nach wenigen Tagen wieder ziehen musste, eher Angenehmes. Umso weniger verstand ich Mutters Abschiedstränen, als wir dem Zug nachwinkten, in dem Vater ins schiere Schlaraffenland zurückkehren durfte. Bonbons in Fülle, reichlich zu essen, riesige Kornfelder. Ebenso wenig konnte ich Mutters ängstliche Reaktion richtig einschätzen, wenn gelegentlich ein Brief von der Front kam. Weder ihre Tränen noch ihren Kummer konnte ich deuten, der dann immer aus ihren Augen sprach. Verstehen konnte ich Mutters Reaktion zwar nicht, aber es machte mich auch traurig.

Irgendwann kam dann ein Brief an, der Mama in helle Aufregung versetzte. Papa hatte die Ruhr, eine lebensbedrohliche Infektionskrankheit. Er rang mit dem Tod. Über lange Wochen hörte Mutter nur von Dritten, dass Papas Gesundheitszustand unverändert sei. Bis dann nach etwa drei Monaten die erlösende Nachricht von einem seiner Kollegen überbracht wurde, dass er sich auf dem Weg der Besserung befände. Er hatte es geschafft, wie er kurz darauf selber schrieb. Viele Jahre später, als ich längst in der Lage war, die Zusammenhänge zu begreifen, erzählte mir Vater von dieser leidvollen Zeit, als er zwischen Leben und Tod schwebte. Einem russischen Kriegsgefangenen, der zusammen mit einer großen Anzahl anderer Vaters Bauzug als Zwangsarbeiter zugewiesen war, hatte er sein Leben zu verdanken. Der verstand es nämlich, ihn mithilfe eines altbewährten russischen Hausrezeptes zu heilen: Speck und Schnaps. Nicht nur aufgrund dieses Erlebnisses sprach Papa Zeit seines Lebens mit Respekt vom russischen Volk. Zumindest jene, die bei ihm arbeiteten, schilderte er als hilfsbereit, fleißig und dankbar. Den Leuten ging es offenbar vergleichsweise gut bei Vaters Bauzug. Sie mussten zwar körperlich schwer arbeiten wie die gesamte Mannschaft, bekamen aber die gleiche Verpflegung wie die Eisenbahnpioniere. Außerdem sorgte Papa dafür, dass sie, unter manchmal nicht ganz legaler Umgehung eines entsprechenden Verbotes, warme, vor der extremen Kälte in den Wintermonaten schützende Kleidung bekamen. Einigen von ihnen hat er vielleicht auch das Leben gerettet, da er sie als „dringend erforderlich für die planmäßigen Umspurarbeiten" deklarierte und sie damit vor einer Überstellung in eines der Gefangenenlager bewahrte, in denen allzu viele Gefangene zugrunde gingen. Obwohl Vater recht häufig von seinen Kriegserlebnissen berichtete – wahrscheinlich um seine dramatischen Erlebnisse auf diese Weise zu verarbeiten – sprach er über diese Umstände und Begebenheiten so gut wie nie. Dass seine Erzählungen jedoch der Wahrheit entsprachen, wurde durch ein Erlebnis bestätigt, an das ich mich wegen seiner Außergewöhnlichkeit noch gut erinnern kann.

Russischer Besuch

Es war ein später Abend Ende der 50er Jahre. Es hatte geklingelt und Mutter war die Treppe runtergegangen, um die Haustüre zu öffnen. Draußen standen zwei Männer. Einer von ihnen fragte in gebrochenem Deutsch höflich nach Vater. Als der dann zur Türe kam, spielte sich eine Szene ab, die ich wohl niemals vergessen werde. Genauso wenig wie die darauf folgenden, für alle Beteiligten anstrengenden Stunden. Nach einem kurzen intensiven Wortwechsel in einer mir fremden Sprache wurden die drei plötzlich laut, lachten, fielen sich abwechselnd um den Hals und ließen ihren Emotionen freien Lauf. Erst als uns Vater die Männer als zwei seiner ehemaligen russischen Zwangsarbeiter vorstellte, legte sich unsere Verwunderung. Schließlich bat Vater die beiden Russen in unser Wohnzimmer, wo es in den folgenden Stunden weiß Gott hoch herging. Da wurde gelacht, gesungen und viel von dem Zeug getrunken, das die beiden mitgebracht hatten. Dass es sich dabei um Wodka handelte, wusste ich zu dem Zeitpunkt natürlich noch nicht. Mutter verschwand mit mir in der Küche und fabrizierte in aller Eile belegte Brötchen, die darauf der heiteren Männerrunde kredenzt wurden. Die Situation hatte etwas gleichzeitig beunruhigend Unheimliches, aber auch heiter Skurriles. Herzliches Lachen und ernsthaftes Erzählen, begleitet von heftigem Gestikulieren wechselten einander ab. Alles ausgesprochen verwirrend. Das Sprachengewirr aus Deutsch und Russisch war absolut unverständlich. Als wir uns nach kurzer Zeit zurückzogen, wurden Mutter und ich von den beiden Fremden herzlich verabschiedet. An einen ruhigen Schlaf war nicht zu denken. Am nächsten Tag – die beiden waren in den frühen Morgenstunden aufgebrochen – klärte uns Vater über das Erlebte auf. Die beiden Männer gehörten einer politischen Delegation an, die im nahen österreichischen Schärding in irgendeiner offiziellen Mission unterwegs war. Einer von den beiden hatte unsere ehemalige Adresse aus der Zeit, als sie als Kriegsgefangene Vaters Bauzug zugewiesen waren. Und nun hatten sie sich mühsam bis zu unserer neuen Wohnung durchgefragt. Sie hatten alles versucht, Vater wieder zu sehen. Offensichtlich hatten sie es ihm zu verdanken, dass sie die Schrecken dieser heillosen Zeit einigermaßen glimpflich überstanden hatten. Als die Kämpfe an der Ostfront ins Stocken geraten waren und die deutschen Einheiten wegen der russischen Übermacht den Rückzug antreten mussten, setzten sich die russischen Zwangsarbeiter ab. Vater und seine Eisenbahner hinderten sie nicht daran. Das hatten ihm die zwei Russen offenbar nicht vergessen.

Vaters Heimkehr

Im Winter 1944/45 kam Vater aus dem Krieg zurück. Seine Heimkehr mit dem Zug war durch einen Brief angekündigt worden. Mutter war mit mir am Abend zum Bahnhof gegangen, um ihn dort abzuholen. Wir standen zusammen mit einer riesigen Menge von Frauen und Kindern am Bahnsteig. Sie alle waren voller banger Hoffnung, dass sie bald ihre Männer, ihre Väter freudig umarmen könnten. Die Ankunft des Zuges wurde mit großer Anspannung erwartet. Aber das Warten zog sich hin. Fahrpläne konnten wegen des Kriegsgeschehens schon seit Monaten nicht mehr eingehalten werden. Die wenigen Züge, die sporadisch noch verkehrten, schickte man vorsichtshalber nachts auf die Strecke, um vor feindlichen Angriffen wenigstens einigermaßen sicher zu sein. Ein permanentes Stimmengewirr, das sich wie das laute Summen eines Bienenschwarmes anhörte, erfüllte den überdachten Platz vor den Gleisen. Nur wenige lichtschwache Lampen tauchten die gespenstische Szenerie in ein diffuses Licht. Mutter hatte mich auf eine der Kisten gesetzt, die an der Wand neben dem Eingang zum „Restaurant I. Klasse" standen. Wahrscheinlich war darin Rückzugsgut verstaut. Es muss mittlerweile schon sehr spät geworden sein, denn ich war längst eingeschlafen. Erst das schrille Kreischen der Bremsen des langsam einfahrenden Zuges ließ mich hochschrecken. Gezogen von zwei riesigen, pfauchenden Dampflokomotiven rollten viele Personenwägen gemächlich vor das weit vorspringende Dach, das den Bahnsteig überspannte. Langsam kam der Zug zum Stehen. Zunächst verstummte das aufgeregte Geplapper. Aber als sich die ersten Türen öffneten, wurde es richtig laut. Die Wartenden drängten zu den Waggontüren. Erste Freudenschreie drangen durch das Dämmerlicht. Namen wurden schrill gerufen. Menschen fielen sich um den Hals, Tränen flossen. Männer drückten Frauen und Kinder. In Erinnerung blieb mir eine alte Frau, die unmittelbar neben uns stand und den ankommenden Soldaten zwei Fotos entgegenstreckte. Die warfen einen kurzen, ernsten Blick auf die Bilder, schüttelten den Kopf und gingen dann fröhlich lachend mit ihren Angehörigen weiter. Die Alte schien traurig zu sein. Das verstand ich nicht, wo doch alle Menschen hier so glücklich und heiter schienen. Wahrscheinlich haben sich mir und Gleichaltrigen derlei ungewöhnliche Ereignisse deshalb besonders stark eingeprägt, weil wir die Zusammenhänge noch nicht begreifen konnten, und vieles, was da gerufen und gesprochen wurde, halt einfach nicht verstanden. Umso präziser bleibt in diesem frühen Kindesalter wohl das Gesehene, die Mimik und Gestik der Menschen, als Schlüssel zum Enträtseln des Geschehens, im Innersten haften.

Ich beobachtete gespannt das gleichermaßen beängstigend tumultartige wie befremdlich fröhliche Treiben um uns herum. Natürlich wusste ich, dass wir hier waren, um Vater vom Zug abzuholen. Mutter hatte es mir voller Freud wieder und wieder erklärt. Aber wer von diesen stoppelbärtigen, ausgezehrten Männern mit ihren tief liegenden Augen war Papa? Mit ihren langen grauen Mänteln und den Schirmmützen sahen sie alle irgendwie gleich aus. Ziemlich unheimlich, ein wenig furchterregend. Vater war etwa eineinhalb Jahre nicht mehr zuhause gewesen. Eine lange Zeit für ein kleines Kind. Ich hatte keine rechte Erinnerung mehr an ihn. Doch eine Besonderheit war mir lebhaft im Gedächtnis geblieben: Wenn er lachte, blitzten etliche Goldzähne in seinem Mund auf. Ich hielt also nach Goldzähnen Ausschau. Das ging ganz gut, weil mich Mutter jetzt auf den Arm genommen hatte. Völlig unvermittelt stieß sie einen Freudenschrei aus und rief laut Papas Vornamen. Ich erschrak ordentlich. Ihre Stimme überschlug sich, als sie mit mir durch das Gewühl einem Mann entgegendrängte. Die beiden fielen sich um den Hals. Und ich dazwischen. Eingeklemmt. Mir ist diese Situation als eher unangenehm in Erinnerung. Zwar konnte ich die unglaubliche Freude der beiden und die beiderseitige Erleichterung deutlich spüren, aber so richtig verstehen konnte ich sie nicht. Wie mir mein Vater in späteren Jahren oft und oft erzählte, erschütterte ihn in diesem Augenblick unbändiger Wiedersehensfreude am heftigsten meine Frage, die ich an Mutter richtete: „Ist das mein Papa?" Damals hätte man mir mit Leichtigkeit jeden anderen Heimkehrer unterjubeln können. Wären da nicht die Goldzähne gewesen. Als die bei seinem Lachen aufblinkten, war für mich alles klar. Das musste ziemlich sicher mein Papa sein.

Zusammen mit vielen anderen heiteren, glücklichen Menschen machten wir drei uns auf den Weg nach Hause, zum Unteren Sand. Ein Bild von diesem Fußmarsch taucht da in mir auf: Am Ludwigsplatz, dort wo vor dessen Umbau die Taxis aufgereiht standen, zwischen dem Brüder-Buchner-Haus und dem ehemaligen Kaufhaus Krabbe, blieb Vater plötzlich stehen, stellte seinen großen, grauen Offizierskoffer ab, setzte sich darauf und nahm mich auf seinen Schoß. Mitten am Bürgersteig. Ich sehe noch das Mosaikpflaster aus kleinen, dunklen Granitsteinen vor mir mit den großen Bögen aus kleinen, weißen Marmorsteinen. Es war ziemlich dunkel. Lediglich das schwache Licht einer Lampe hoch oben auf einem Mast mitten auf dem weiten Platz ließ den langen Zug der Menschen schemenhaft erkennen. Sie alle waren Richtung Innenstadt unterwegs. Ich empfand die Situation als äußerst merkwürdig. Zum einen umfing uns ein gespenstisches Halbdunkel, durch das sich eine große Menge dunkler Gestalten bewegte. Dazu wollte das laute, heitere Geplapper, das Lachen, die Fröhlichkeit der Leute einfach nicht passen. Wir beide auf dem Koffer waren ein Hindernis. Die Leute drängten sich um uns herum. Aber Vater kümmerte das in keiner Weise. Er drückte mich immer wieder fest an sich. Und da hatte ich zum ersten Mal das tiefe Empfinden: Das ist mein Vater! Was die Familienstruktur anbelangte, so gab es von nun an neben meiner Mutter eine zweite, starke Bezugsperson.

Bombenalarm – Sirenen und Luftschutzkeller

Als wichtiger Eisenbahnknotenpunkt wurde Passau bereits 1941 aus der Luft angegriffen. Daran habe ich keine Erinnerung, da war ich noch zu klein. Erst ab 1944 ändert sich das. Beim Zurückdenken tauchen dann auch zum Kriegsgeschehen schon relativ konkrete Bilder vor mir auf. Zunächst bruchstückhaft und in der Folge immer präziser und umfangreicher. Allerdings weichen meine Erinnerungen in weiten Teilen ziemlich deutlich ab von den späteren Schilderungen meiner Eltern. Kinder haben eben aus vielerlei Gründen eine andere Wahrnehmung als Erwachsene, messen scheinbar Unwesentlichem größere Bedeutung zu. Sie speichern Eindrücke ab, die man im Erwachsenenalter vielleicht nicht einmal mehr registriert.

Bis zum Sommer 1946, also während der gesamten Kriegszeit, wohnten wir in einem alten, hohen Mehrfamilienhaus in Passau, einem Eckhaus unmittelbar neben dem ehemaligen Promenade-Kino. Das Gebäude grenzte

6 | *Mietshaus Unterer Sand mit unserer Wohnung im obersten Stockwerk, neben dem Promenade-Kino*

zwar auch an die Inn- und Theresienstraße, war jedoch dem Straßenzug „Unterer Sand" zugeordnet. Soweit meine Erinnerung zurückreicht, standen unmittelbar neben der Eingangstür zu unserer Wohnung im dritten Stock immer griffbereit ein dunkelbrauner Lederkoffer und eine große Tasche mit zwei massiven Henkeln aus hellem Leder, die Großvater als gelernter Sattler gefertigt hatte. Darin war das Notwendigste verstaut, was man für ein paar Tage Aufenthalt im Luftschutzkeller unbedingt brauchte: Warme Kleidung, Unterwäsche, einigermaßen haltbare Lebensmittel, die regelmäßig im Austausch durch neue ersetzt wurden, zwei mit Wasser gefüllte Thermosflaschen, Streichhölzer, einige Kerzen, aber natürlich auch wichtige Papiere und Unterlagen. Über die Jahre unterlag der Inhalt des Koffers einer permanenten Veränderung. Je nach Jahreszeit wurde ausgetauscht, erneuert, ergänzt. Aber auch Windeln und Babykleidung für mich wichen schrittweise selbst gestrickten Pullovern, Strümpfen und Hosen. In unseren privaten Notfallplan hatte Mutter auch unser braun gemustertes Sofa mit einbezogen. Über dessen seitliche, wulstige Armlehnen waren fein säuberlich Kleidungsstücke gebreitet. Auf der einen Seite lagen griffbereit meine Sachen, auf der anderen die von Mama. Wenn bei Bombenalarm Eile geboten war, konnte man schnell in die Kleidungsstücke schlüp-

26

fen. Als Vater dann in den letzten Kriegswochen wieder zuhause war, kam sein Kleiderdepot noch dazu. So gesehen waren wir eigentlich ständig auf dem Sprung. Viele Leute gingen in diesen Tagen vorsichtshalber voll bekleidet ins Bett. Wenn es abends dunkel wurde und in den Wohnungen die Lichter angingen, mussten sämtliche Fenster verdunkelt werden, um den potentiellen Angreifern in ihren Flugzeugen das Ausmachen von Zielen zu erschweren. Ein so genannter Blockwart hatte dafür zu sorgen, dass diese Vorsichtsmaßnahmen streng eingehalten wurden. Wer den Anordnungen dieses Aufsehers, der auch in anderen Bereichen für ein bestimmtes Viertel zuständig war, nicht Folge leistete, wurde unweigerlich zur Rechenschaft gezogen oder gar zur Anzeige gebracht. Die Strafen waren unangemessen hoch. Vor den Blockwarten hatten die Leute richtig Angst. Sie waren für jede Art Denunziation zugänglich und bespitzelten die Menschen in ihrem Zuständigkeitsbereich. Besonders das strengstens verbotene Abhören von „Feindsendern" über manipulierte Rundfunkempfänger brachte so manchen braven Bürger ins Gefängnis oder in eines der gefürchteten Arbeitslager. Denunziation war an der Tagesordnung. Keiner vertraute mehr dem anderen. Mit negativen Äußerungen über die Regierenden musste man besonders vorsichtig sein. Unbedacht geäußerte Zweifel am „Endsieg" galten als Landesverrat, als Zersetzung der Wehrkraft und wurden entsprechend gnadenlos mit aller Härte bestraft.

Auf einem kleinen Schränkchen neben dem Küchenbuffet stand unser Volksempfänger. Ein einfaches Radiogerät, das in jedem Haushalt zu finden war. Es wurde offiziell zur Verfügung gestellt und war so ausgelegt, dass man damit lediglich den von den Nationalsozialisten gespeisten Propagandasender empfangen konnte. Aus seinem kreisrunden, mit braunem Stoff überzogenen Lautsprecher dröhnte überwiegend Marschmusik in die deutschen Wohnstuben. Die

7 | *Volksempfänger*

wurde in regelmäßigen Abständen unterbrochen von den leidigen, martialisch vorgetragenen Durchhalteparolen, an die längst kein vernünftiger Mensch mehr glauben konnte. Dazwischen wurden Lügenmärchen über Erfolge an der Front verbreitet, wurde über angebliche Gräueltaten der Feinde berichtet. Indoktrination pur. Vor allem in den letzten Kriegsmonaten musste der Volksempfänger zumindest vom frühen Morgen bis spät in die Nacht hinein ständig auf Empfang sein, weil über ihn die Bevölkerung vor Fliegerangriffen der Alliierten gewarnt wurde. Wenn das der Fall war, wurde die Sendung durch eine dumpf dröhnende Melodie unterbrochen. Es erklangen mehrfach hintereinander die ersten vier Töne von Beethovens Schicksalssymphonie. Düster, dunkel, Moll. Dann wurden in dichter Folge Daten durchgesagt. Uhrzeiten, Flugrichtung der Bombergeschwader und eventuelle Ziele. Diese Angaben verstand ich damals natürlich noch nicht, wohl aber hatte ich längst erfahren müssen, dass diese unheimliche Tonfolge bei meinen Eltern große Hast auslöste.

Als wir dann Jahre später an der Oberrealschule Beethovens sechste Symphonie im Musikunterricht besprachen, da lief mir bei diesen ominösen ersten Tönen ein kalter Schauer über den Rücken. Erinnerungen wurden wach, Bilder tauchten auf. Das hat sich bis zum heutigen Tag nicht geändert. Das bleibt wohl so.

Wenn also diese warnenden Töne erklangen, zog mir Mama in aller Eile die zurechtgelegten Kleidungsstücke über, schlüpften die Eltern in die Jacken und Mäntel. Inzwischen hatte auch die Sirene auf dem Nachbarhaus mit ihrem schrillen, auf- und abschwellenden Heulen begonnen. Vater ergriff den schweren Koffer und die Tasche, Mutter nahm mich mit festem Griff an die Hand, und so machten wir uns eilends auf den Weg durch das dunkle, enge Treppenhaus hinunter in den Keller, der vor einiger Zeit schon zum Luftschutzraum ausgebaut worden war. Die Reaktion der Eltern machte mir Angst. Die Hektik, Mutters stilles Weinen, Vaters sorgenvoller Gesichtsausdruck, das Zurücklassen wichtiger Spielsachen, das eilige Zusammenpacken einiger weniger Habseligkeiten, das überstürzte Verlassen der vertrauten Umgebung und das Hasten durch das Treppenhaus hinunter in den düsteren, kalten Keller waren bedrückend. In den letzten Wochen vor Kriegsende häuften sich die Alarme. Immer öfter heulten die Sirenen über die Häuser und durch die Gassen. Das rasche Aufsuchen des Luftschutzraumes wurde zur Routine. Im Laufe der Zeit wich das anfänglich angsterfüllte Chaos einer fatalistischen Notwendigkeit. Bedeutend schlimmer waren die Leute dran, in deren unmittelbarer Nähe kein offizieller Luftschutzraum ausgewiesen war. Sie suchten dann meist die Kellerräume in ihren Häusern auf und konnten nur hoffen, dass sie die verheerenden Bombardements einigermaßen heil überstanden. Wenn es die örtlichen Gegebenheiten erlaubten, suchten auch viele Schutz in den nahen Wäldern. Wälder wurden in der Regel nicht beschossen, das wusste man. Ziele der Bomberverbände waren in erster Linie militärische Einrichtungen, Bahnhöfe, Gleisanlagen und Versorgungswege. Meine spätere Schwiegermutter gehörte auch zu denen, die sich in derart bedrohlichen Situationen mit ihren beiden Töchtern lieber in den nahen, vermeintlich Schutz bietenden Wald zurückzog, zumal die Familie relativ nahe am Bahnhof Passau-Auerbach wohnte. Der Weg zum Wald war immerhin so weit, dass stets größte Eile geboten war, so-

8 | *Bei Fliegeralarm suchten viele Menschen Schutz in den nahen Wäldern.*

bald die Sirenen herannahende Bomberverbände ankündigten. Da blieb dann nicht mehr viel Zeit. Deshalb standen auch hier die wichtigsten Habseligkeiten fertig gepackt immer griffbereit. So befanden sich in den kleinen Rucksäckchen der Mädchen vor allem die notwendigen Kleidungsstücke für die beiden. Aber Kinder setzen eben auch hier ganz andere, durchaus geschlechterspezifisch unterschiedliche Prioritäten als die Erwachsenen. Ihnen sind andere Sachen wichtig. So nahmen die beiden

Schwestern regelmäßig die eingepackte Wäsche wieder heraus und stopften stattdessen ihre heiß geliebten Puppen und die dazugehörende Kleidung in ihren kleinen Rucksack. Da half weder der eindringlich vorgetragene Appell an die Vernunft, noch die Androhung jedweder Repressalien. Die beharrliche und ab und an tränenreich vorgetragene „mütterliche Fürsorge" der beiden Mädchen gegenüber ihren Puppen duldete keinen Widerspruch. Sie setzten sich letzten Endes immer durch. Mädchen eben!

Besonders schaurig empfand ich die Sirenen nachts, wenn ich aus dem Schlaf gerissen wurde. Die Erinnerung an den durchdringenden, auf- und abschwellenden Heulton hat sich in meinem Innersten dermaßen unauslöschlich eingenistet und festgesetzt, dass mir bis heute eine Gänsehaut über den Rücken huscht, wenn eine Sirene ertönt. In unseren Tagen würden Psychologen vielleicht von einer Art Traumatisierung sprechen. Ich jedenfalls komme gegen dieses Phänomen nach wie vor nicht an.

Beim raschen Eilen nach unten waren wir keineswegs allein. Aus den anderen Wohnungen stießen die übrigen Hausbewohner dazu. Kinder waren auch dabei. Fünf waren wir. Die zwei Kinder der Familie Gradischnik, die zwei Kinder unserer Vermieter und ich. Nur etwa zwei, drei Jahre trennten uns altersmäßig.

Das Stiegenhaus endete zur Haustür hin in einem kleinen, gewölbten Vorraum. Von dem aus führte ein langer, schmaler, leicht abfallender Gang zurück ins Innere des Gebäudes, hinunter zum Luftschutzraum. Eine Menge kräftiger Rundhölzer waren hier aufgestellt worden. Man hatte sie zwischen dem rotbraunen Ziegelboden und den dicken Bohlen unter der Decke eingespreizt und verkeilt. Im schlimmsten Notfall sollten sie das Einstürzen der Decke verhindern und so die Schutzsuchenden vor dem Verschüttet werden bewahren. Dadurch dass die etwa armdicken Stämme noch die Rinde trugen, wirkte der Raum auf mich wie ein unheimlicher Zauberwald. So einer, wie er bei „Hänsel und Gretel" vorkam. Eine Glühbirne ohne Fassung hing an einem kurzen Kabel an der Wand und tauchte die beklemmende Szenerie in spärliches Licht. Die Stützen warfen dunkle Schatten auf den Boden und die Menschen. Für uns Kinder hatte man zwei Stockbetten aus groben Brettern zusammengezimmert und mit Matratzen belegt. Da konnten wir in den Nächten den unterbrochenen Schlaf fortsetzen.

Wenn uns jedoch tagsüber ein Fliegeralarm in den Luftschutzkeller trieb, dann waren die Stockbetten ein prima Spielplatz. Manchmal machten sich hier die komischen Puppen der Mädchen breit. Da war es schon interessanter, dass sich zwischen den Stützen gut fangen und verstecken spielen ließ. Des Öfteren ging es da recht lustig und wahrscheinlich auch entsprechend laut zu. Die Aufenthalte hier unten sind mir gar nicht als schlimm in Erinnerung. Wir vertrieben uns die Zeit mit Spielen oder lauschten aufmerksam den Märchen, die uns von den Müttern abwechselnd erzählt wurden. Mama verstand sich besonders gut darauf. Ihr Märchenschatz war enorm. Sie konnte so anschaulich und spannend erzählen. Angst hatten wir Kleinen eigentlich nicht. Schließlich konnten wir die drohende Gefahr in keiner Weise einschätzen, wenngleich sich die gedrückte Stimmung der erwachsenen Hausbewohner ganz unbewusst zwischendurch auch auf uns übertrug und sich bleischwer über den düsteren Raum legte. Die saßen mehr oder weniger gefasst mit ernster Miene auf den Stühlen und Bänken, die an den Mauern entlang aufgereiht standen. In warme, dicke Winterkleidung gehüllt, Koffer und Taschen griffbereit neben sich. Die Männer standen abwechselnd vorne an der geöffneten Haustür und lauschten aufmerksam in die Stille hinaus, um das anschwellende Dröhnen der herannahenden Bomber rechtzeitig zu hören. Die Straßen waren wie leer gefegt, die Menschen hatten die ausgewiesenen Luftschutzräume aufgesucht. Sobald die Motoren der Flugzeuge vernehmbar waren, wurde die Haustür geschlossen und verriegelt, wurde die Kellertür von innen verbarrikadiert und die eisernen Läden, die das einzige Fenster im Schutzraum sicherten, wurden zugezogen. Jetzt war die Hausgemeinschaft eingeschlossen. Unserem lustigen Treiben musste nicht erst Einhalt geboten werden, wir spürten die Ängste der Erwachsenen, erfassten unbewusst den Ernst der Lage und suchten die Nähe der Eltern. Eine unheimliche Stille machte sich breit. Jetzt horchten die Erwachsenen gebannt auf das zunächst nur sehr schwach vernehmbare Brummen der Flugzeugmotoren, das schließlich deutlich vernehmbar anschwoll, wenn sich die Bomber über der Stadt befanden. Würden sie ihre vernichtende Ladung auf uns abwerfen, oder überflogen sie uns nur und hatten andere Ziele im Visier? Lange Minuten voller Anspannung. Die Ungewissheit, das bange Warten waren zermürbend. Manchmal vernahm man das dumpfe Dröhnen entfernter Einschläge. Immer wieder überlagerten die Detonationen abgeworfener Fliegerbomben die lastende Stille. Jetzt erfasste die Großen die Angst. Die Eltern drückten ihre Kinder ganz eng an sich. Manche fingen an zu weinen. Die alte Frau Lex, die mit ihrem bettlägerigen Mann neben uns ebenfalls im dritten Stock wohnte, begann monoton Gebete zu murmeln. Davon war ich am meisten beeindruckt. Ihr Mann schaffte die Treppen nicht mehr, er blieb bei Alarm immer oben in der Wohnung. Allmählich begann das spärliche Licht der Glühlampe zu flimmern und erlosch schließlich ganz. Jemand schrie auf. Aber sofort flackerte Vaters Sturmfeuerzeug auf und bannte die aufkommende Panik. Einige Kerzen wurden entzündet und erhellten den Raum notdürftig.

Als die krachenden Detonationen abebbten und die brummenden Geräusche der Flieger, so langsam wie sie angekrochen kamen, allmählich wieder verstummten, wich die Anspannung aus den Gesichtern. Für dieses Mal waren wir verschont geblieben. Passau wurde relativ oft von Bomber-

9 | *Luftbild Passau, 19. April 1945, Bombentrichter*

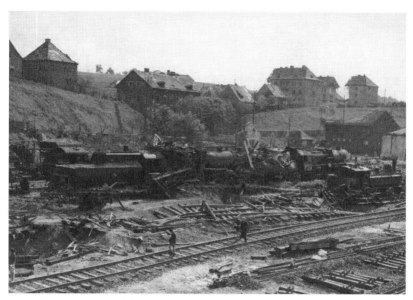

oben 10 | *Bombardiertes Bahnhofsgelände und angrenzende Gebiete, am Lokschuppen, Spitalhofstraße*

unten 11 | *Durch Luftangriffe zerstörte Häuser in Passau, Frühlingstraße*

geschwadern der Alliierten in großer Höhe überflogen, weil sich die Piloten auf ihren Flügen nach Südosten auch am Lauf der Donau orientierten. Es dauerte oft Stunden, bis das erlösende Sirenensignal ertönte und die heiß ersehnte Entwarnung gab. Nun ging es zurück in die Wohnungen, wohl wissend, dass – zumindest in den letzten Kriegstagen – die Sirenen bald wieder heulen würden. Aber wo in der Stadt hatte der Angriff Verwüstung und Tod gebracht? Jetzt sorgte man sich um die Angehörigen. Wie hatten die Großeltern und Tanten in der Innstadt, am Spitzberg, in der Wittgasse und jenseits der Donau am Anger den Bombenhagel überstanden? Bange Fragen. Die Väter, fast alle mit Fronterfahrung, tauschten Vermutungen aus, wo denn die Granaten und Bomben ihr vernichtendes Werk vollführt hätten. Die Meinung, dass es wohl vor allem das Bahnhofsviertel erwischt haben könnte, wurde später zur traurigen Gewissheit. Das gesamte Bahnhofsgelände, die Gleisanlagen von Auerbach bis hinüber in die Innstadt waren gezielt bombardiert worden. Auch die benachbarten Wohngebiete hatten viele Treffer abbekommen, hatten schwer gelitten. Aus einer Höhe von etwa 1800 Metern wurden große Mengen der Tod und Vernichtung bringenden Sprengkörper abgeworfen. Viele von ihnen verfehlten ihr Ziel und so gab es auch gewaltige Schäden in der Nibelungen- und Gabelsbergerstraße, dem Schießstattweg und im Ortsteil Apfelkoch. Selbst der Innstadtfriedhof, Hackelberg und der Schlachthof wurden getroffen. Insgesamt verloren damals 140 Menschen ihr Leben. An die 80 Gebäude waren entweder völlig zerstört oder so stark beschädigt, dass sie nicht mehr bewohnbar waren. Mehrere Personen waren verschüttet. Man fand sie erst nach etlichen Tagen. Unter ihnen war auch Tante Luise, eine Cousine meines Vaters. Sie hatte in einem winzigen Hohlraum überlebt, hatte unglaubliches Glück gehabt, konnte aber zeitlebens enge, geschlossene Räume nicht mehr ertragen.

Die Pfannkuchen Story

Wieder einmal, es muss in den letzten Kriegstagen gewesen sein, hatte uns ein Alarm in den Luftschutzkeller getrieben. Herannahende amerikanische Truppen hatten mit dem Beschuss der Stadt begonnen. Die Geschützrohre der Panzer spuckten aus verschiedenen Richtungen Granaten auf die Stadt. Der Beschuss wollte nicht enden. Seit Stunden warteten die Menschen auf das Sirenensignal, das die ersehnte Entwarnung ankündigen würde. Aber das Zeichen kam und kam nicht. Und ohne die offizielle Entwarnung durfte der Luftschutzraum nicht verlassen werden. Am frühen Vormittag war der Alarm ausgelöst worden, und jetzt war schon später Nachmittag. Seit Stunden saßen wir alle hier fest. Immer wieder waren Explosionen zu hören. Manchmal zerriss ein lauter Knall die bedrückende Stille und kündete von einem nahen Einschlag. Dann zuckten die Menschen zusammen. Furcht und Angst hatte unsere kleine Hausgemeinschaft fest im Griff. Die Zeit zog sich bleischwer dahin. Da fasste sich Mutter ein Herz und meinte, sie gehe jetzt rauf in die Wohnung und mache für die Kinder Pfannkuchen. Alle Einwände Vaters konnten sie von ihrem Vorhaben nicht abhalten. Sie ging. Einige Zeit später zerriss ein lauter Knall die Luft, erschütterte eine heftige Detonation das Haus. Boden und Wände vibrierten. Aus dem Zwischenraum der Bretter unter der Decke rieselte weißer Staub. Ich war erstaunt, hielt ich doch das Pulver für Mehl. Da kam Mehl von der Decke! Mehl, das doch so kostbar war! Kurz darauf kam Mutter völlig aufgelöst zur Tür hereingestürmt. Ich werde den Anblick nie vergessen. Jacke und Schürze waren mit „echtem" Mehl überpudert. Im Gesicht und auf der Kleidung klebten Teigreste. Sie sah gespenstisch aus. Durch die Wucht einer explodierenden Granate in unmittelbarer Nachbarschaft war sie mitsamt dem Mehl, der Teigschüssel und ihren Kochutensilien zu Boden geschleudert worden. In ihren zitternden Händen hielt sie einen Teller, auf dem ein paar Pfannenkuchen gestapelt lagen. Die hatte sie bereits gebacken, als das Unglück geschah, und für uns Kinder sozusagen gerettet. Als wir nach der offiziellen Entwarnung endlich in die Wohnungen zurückkehren konnten, zeigte sich, welchen Schaden der Treffer angerichtet hatte. Die massive Haustür war aus den Angeln gerissen worden und lag zusammen mit Mauerbrocken und Mörtelstücken einige Meter weiter hinten im Treppenhaus. Alles war dick mit Staub bedeckt. Es sah wüst aus. Ein Treffer hatte das gegenüberliegende Eckhaus an der Theresienstraße schwer beschädigt. In den oberen Stockwerken fehlte das gesamte Hauseck, große Teile der Hauswand waren aus der Fassade herausgebrochen. Die Straße war mit Mauerteilen, Ziegeln und Balkenresten übersät. Gesplitterte Überreste von Möbeln ragten aus den Trümmern. Menschen kletterten über das Trümmerfeld, schrien, räumten den Schutt zur Seite. Am meisten setzte mich in Erstaunen, dass man plötzlich in die Wohnungen der Nachbarn hineinschauen konnte. Vorhangreste hingen in Fetzen aus den Löchern, die ehemals Fenster ausfüllten, ein Puppenwagen stand unmittelbar am Rand des zum Teil weggebrochenen Fußbodens. Ein Tisch und etliche Stühle standen scheinbar unberührt im Raum, ein Bild hing schief an der Wand. Es kam mir vor, als schaute ich in ein übergroßes Puppenhaus, ähnlich dem meiner Cousine. Der ungewohnte Anblick, die skurrile Szenerie wirkte auf mich gleichermaßen unheimlich wie faszinierend. Bei uns waren nahezu sämtliche Fensterscheiben zu Bruch gegangen. Am Boden lagen überall Glasscherben herum. Es war empfindlich kalt in der Wohnung. Ein Granatsplitter war durch den Kleiderschrank gedrungen und hatte auf seinem Weg Mutters fein säuberlich ineinandergesteckte Hüte genau in der Mitte durchbohrt, hatte die Rückwand des Schrankes durchschlagen und steckte jetzt hinten tief in der Mauer. Die gesamte Einrichtung war durcheinandergewirbelt worden. Auf allem lag dick Staub. Zunächst ersetzte Papa die fehlenden Scheiben durch zurechtgeschnittene Kartonstücke, und während sich meine Eltern an die Aufräumarbeiten machten, wurde ich mit meinen wenigen Spielsachen im Schlafzimmer „deponiert". Der einzige Raum, der wegen seiner Lage von den Auswirkungen des Granattreffers verschont geblieben war.

Russen oder Amerikaner?

Gegen Kriegsende, als wohl jeder einigermaßen realistisch denkende Mensch erkannte, dass das Ende des Schreckens kurz bevorstand, trieb eine schicksalhafte Frage die Passauer Bevölkerung zunehmend um: Kommen die Russen oder kommen die Amerikaner?

Die besondere Lage Passaus an den drei Flüssen, vor allem jedoch die unmittelbare Nähe zum Nachbarland Österreich brachten es mit sich, dass man nur schwer einschätzen konnte, wer von den beiden alliierten Kriegsmächten zuerst unsere Stadt erreichen und einnehmen würde. Die sporadischen Radiomeldungen troffen vor verlogenen Propagandasprüchen und verharmlosten beständig die aussichtslose Lage, ließen aber trotzdem darauf schließen, dass zwar von Westen und Norden die Amerikaner heranrückten, dass sich aber von Südosten die russische Armee unaufhaltsam näherte. Der Sprecher rief mit markigen Sprüchen zum aufopfernden Widerstand auf und schürte gleichzeitig die Ängste der Bevölkerung vor einer gnadenlos wütenden russischen Soldateska. Dazu kamen dann noch die wild wuchernden Gerüchte, die von vielerlei Gräueltaten und unmenschlichen Übergriffen der Sowjets gegenüber den in Kriegsgefangenschaft geratenen Soldaten und einer schutzlos ausgelieferten Zivilbevölkerung berichteten. Gerüchte, deren Wahrheitsgehalt in dieser wirren Zeit und in Anbetracht der unübersichtlichen Lage auch nicht ansatzweise überprüfbar war. Aber ausreichend Grund für die Ängste der Städter waren sie allemal. „Hoffentlich kommen die Amerikaner", war daher die einhellige Meinung unserer Hausbewohner, wenn wieder einmal alle wegen eines Fliegeralarms im Luftschutzkeller beisammen waren und dieses drängende Problem besprachen. Nichts erhoffte man sehnlicher, als das baldige Ende des Krieges und eine hoffentlich friedvolle Ankunft der amerikanischen Truppen. Die meisten regulären deutschen Einheiten waren in den vergangenen Wochen aus unserer Stadt abgezogen worden, um an anderer Stelle dem Wahnsinn des Krieges letzte Opfer zu bringen.

In meiner kindlichen Phantasie stellte ich mir aufgrund der erlauschten Gespräche „die Russen" klischeehaft als grausame, böse Menschen vor, ähnlich den wilden Riesen, wie sie ab und an in den Märchen auftauchten. Angetan mit langen schwarzen Mänteln, eine mächtige Pelzmütze auf dem Kopf, ein langes Messer in der einen, und ein Gewehr in der anderen Hand. Von den Amerikanern hatte ich kein rechtes Bild. Wohl deshalb, weil sich die Gespräche der Erwachsenen weit mehr um den gefürchteten Feind drehten, dessen Vordringen über Österreich, die Donau aufwärts nach Passau scheinbar rasch vonstattenging und unaufhaltsam schien. Den Inhalt des Diskurses unserer Eltern konnten wir mit unseren fünf, sechs Jahren natürlich nicht in vollem Umfang verstehen, aber die Sorgen, die in den Gesichtern geschrieben stand, ließ uns die Gefahren erahnen.

Es wird wohl in den letzten Apriltagen gewesen sein, als das durchdringende Heulen der Sirenen in immer dichterer Folge vor Bombardierung und Beschuss warnten und die Menschen zum Aufsuchen der vermeintlich sicheren Luftschutzräume mahnten. Inzwischen hatten sich die Familien in unserem Haus gezwungenermaßen auf einen längeren Verbleib im Kellergeschoss eingerichtet. Ein Tisch war aufgestellt worden, und wir Kinder durften Spielsachen mitbringen. Die Zeiträume zwischen der Entwarnung und einem neuerlichen Warnsignal waren in diesen Tagen oftmals so kurz geworden, dass es schier nicht mehr dafürstand, die Wohnung aufzusuchen. Selbst an die ständige Angst und die zermürbende Ungewissheit gewöhnten sich die Menschen allmählich. Die schrecklichsten Dinge wurden zur Normalität.

Jedes Mal wenn es Entwarnung gab und die lähmende Angespanntheit wich, drängten die Menschen auf die Straßen, machten in gebotener Eile notwendige Besorgungen und tauschten sich aus. Auch wir verließen unseren düsteren, muffigen Schutzraum. Vater und ich waren noch vor den anderen auf die schmale Gasse hinausgetreten. Es war kalt und windig da draußen. Ende April. Die Leute waren eingemummt, hatten dicke, warme Kleidung an. Da sah ich ihn kommen. Pelzmütze, Pelzkragen, langer Mantel, schwere Stiefel. Das war zweifellos ein Russe. Ob der vorangegangenen Gespräche löste der Anblick bei mir blankes Entsetzen aus. Ich riss mich von Papas Hand los und stürmte zurück in den Keller und rief so laut ich konnte: „Die Russen kommen, die Russen kommen!" Unseren Mitbewohnern, die gerade dabei waren, ebenfalls den Schutzraum zu verlassen, fuhr ein gewaltiger Schreck in die Glieder. Mein gut gemeinter Warnruf war jedoch völlig fehl am Platz. Der Auslöser für meine Schreckensmeldung, der vermeintliche „Russe", entpuppte sich alsbald als Papas Freund und Skikamerad, von dem später noch an anderer Stelle zu berichten sein wird.

Am zweiten Mai 1945 um die Mittagszeit nehmen US-Truppen die Ilzstadt ein und erreichen Hackelberg. Ebenfalls am zweiten Mai wird der Atilleriebeschuss auf die Stadt Passau eingestellt. Bereits am Vormittag stehen die US-Truppen in der Bahnhofstraße und Mittag erreichen sie den Residenzplatz. Am frühen Abend dieses Tages ist Passau eingenommen.

Hamsterfahrten

Im Vergleich zum Waffengang zwischen 1914 und 1918 gab es im Zweiten Weltkrieg von Anfang an keine ähnlich großen Ernährungsprobleme. Man hatte aus den schlimmen Erfahrungen des Ersten Weltkriegs gelernt. Deshalb wurden gleich zu Kriegsbeginn Lebensmittelmarken zur Kontingentierung der Nahrungsvorräte an die Bevölkerung ausgegeben. Vor allem jedoch lag die bessere Versorgung daran, dass die von den deutschen Truppen besetzten Gebiete ihrer Vorräte systematisch beraubt wurden. Sämtliche Lebensmittel, derer man beim Vormarsch habhaft wurde, vor allem Getreide und Kartoffeln wurden ins Reich heimgeschickt, um die eigene Bevölkerung zu versorgen. Erst als das weitere Vordringen endgültig ins Stocken geriet und die besetzten Gebiete ausgeplündert waren, traten in Deutschland erste, spürbare Versorgungsengpässe auf. Insbesondere im letzten Kriegsjahr wurde die eklatante Lebensmittelknappheit ein drängendes Problem. Schrittweise verschlechterte sich die Versorgungslage. Bei den Älteren wurden Erinnerungen an die Hungerjahre im Ersten Weltkrieg wach und ließen die schlimmsten Befürchtungen aufkeimen. Besonders in den Städten bekam die Bevölkerung den Mangel an Nahrungsmitteln zu spüren.

In den ländlichen Gegenden litt man verständlicherweise weit weniger unter der Lebensmittelverknappung. Diese Diskrepanz zwischen Stadt und Land führte trotz einer streng überwachten Zwangsbewirtschaftung der Lebensmittel bald zu merklichen Spannungen. Die bäuerlichen Betriebe mussten bis auf einen relativ geringen Selbstbehalt sämtliche produzierten Lebensmittel abführen. Trotzdem ließ sich so mancher Liter Milch, so manches Pfund Butter, ließen sich Mehl, Brot, Fleisch und Eier in überschaubaren Mengen heimlich abzweigen. Deshalb schwärmten die Städter zu Fuß und mit Fahrrädern in die ländliche Umgebung aus und versuchten, meist im Tauschhandel, Nahrungsmittel zu ergattern. Im Volksmund nannte man diese Leute „Hamsterer". Die nur mehr eingeschränkt verkehrenden Züge waren voll besetzt mit solchen Hamsterern. Die Menschen standen oftmals dicht gedrängt auf den offenen Plattformen der Waggons. Hunger und Not trieben sie in die ländliche Umgebung der nicht selten zerbombten Großstädte. Sie zogen dann durch die Dörfer von Bauernhof zu

Bauernhof und hofften auf das Verständnis und die Hilfsbereitschaft der Landbevölkerung. Man kann sich unschwer vorstellen, dass die Hamsterer überwiegend nicht gern gesehen waren. Häufig wurden sie mit mehr oder weniger harschen Worten weitergeschickt. „Wir haben selber nichts" war eine gängige, abweisende Formulierung, die jedoch oftmals durchaus der Wahrheit entsprach. Als Landplage wurden sie bezeichnet, die Hamsterer, wenn sie, vor allem an den Wochenenden, scharenweise in den Dörfern „einfielen". Nur wer über attraktive Tauschobjekte verfügte, konnte hoffen. Da wurden dann in der größten Not schon Mal wertvolle Schmuckstücke oder Stoffe gegen Fett und Kartoffeln eingetauscht. Der Ansturm der Städter brachte die Menschen in den Dörfern nicht selten in arge Bedrängnis. Zum einen, weil diese Art „Schwarzhandel" strengstens verboten war, zum anderen, weil die Bauern wegen der rigorosen Abgabepflicht nur wenig über den Selbstbehalt hinaus zur Verfügung hatten.

Glücklich die Stadtbewohner, die über verwandtschaftliche Beziehungen zu bäuerlichen Familien verfügten. So mancher erinnerte sich jetzt seiner familiären Wurzeln auf dem Land und suchte den Kontakt zu Vettern und Basen draußen in den Dörfern. Hier konnte man am ehesten auf verzehrbare Unterstützung hoffen. Ähnlich war es auch bei uns. Mutter hatte eine ganze Reihe Verwandter im Raum Hauzenberg, in dem kleinen Weiler Brand am Fuß des Lichtenauers, in Mühlberg und in Gollnerberg. Zu ihnen war die Beziehung immer schon recht lebendig gewesen. Wenn wir sie in diesen Kriegsjahren aufsuchten, dann bedeutete das stets eine stramme Tagesetappe. Und die begann zunächst mit einer spannenden Zugfahrt. Dabei war für mich das langsame Befahren der Brücken über den Inn und kurz darauf über die breite Donau immer der absolute Höhepunkt unserer „Reise", ein aufregendes Erlebnis. Mutter musste da auf meinen eindringlichen Wunsch hin immer das Fenster nach unten schieben, weil ich unbedingt in den Fluss spucken wollte. Geradezu zwanghaft. Ein kindliches Ritual. Wenn die spannende Zugfahrt dann zu Ende war, folgte, je nach Zielort, ein mehr oder weniger langer Fußmarsch zu den Tanten und Onkeln.

Sie alle waren beileibe keine Großbauern. Die meisten von ihnen besaßen ein kleines „Sacherl" und waren nur im Nebenerwerb Landwirte. Die Männer leisteten irgendwo an der Front Kriegsdienst, und so mussten eben die Frauen, Mütter und die Alten die Wirtschaft versorgen und die kleinen Äcker mit Kartoffeln, Kraut, Rüben und etwas Getreide bestellen. Selbstversorger waren sie. Mit ein paar wenigen Kühen im Stall, einer überschaubaren Schar Hühner, die auf dem Misthaufen herumkratzten. Einige stets quakende Enten watschelten über die Wiese oder schwammen auf einem kleinen Teich neben dem eingezäunten Krautgarten. Hunde gab es auch. Vor allem aber zahlreiche Katzen, deren vordringliche Aufgabe darin bestand, die Mäusepopulation in Grenzen zu halten. In derlei Ungeziefer sah man gerade in diesen mageren Zeiten eine unliebsame Nahrungskonkurrenz, die man keinesfalls dulden wollte. Wohl vor allem wegen der Tiere empfand ich diese ländliche Idylle als Kind ausgesprochen interessant. Aber natürlich auch wegen der etwa gleichaltrigen Kinder. Die gingen zwar zunächst immer etwas scheu auf Distanz, legten aber recht schnell ihre anfängliche Zurückhaltung ab. Sie kannten allerhand imposante Spiele, die mir als Stadt- und Einzelkind fremd waren: Zum Beispiel, wie man einen Ententeich durchwaten kann, ohne dass die Hose nass wird, wie man auf einen Apfelbaum klettert, wie man Enten und Hühner in die Flucht schlägt oder wie man in einem Bach mit der Hand Forellen fängt. Alles sehr abenteuerlich. Ich lernte bei diesen Ausflügen viel Nützliches. Zu Mittag durften auch Mutter und ich mit am Tisch sitzen.

Wenn es dann irgendwann am späten Nachmittag zurück zum Bahnhof und wieder nach Hause ging, dann bekam Mama immer ein paar Sachen zugesteckt, die unsere trübe Versorgungslage zumindest für einige Tage erheblich verbesserte. Ein halber Laib selbst gebackenes Brot, etliche Eier und Kartoffeln, etwas Fett und ein kleines Stück Geräuchertes hatten in diesen schweren Zeiten den Stellenwert eines Schatzes. Die Erfahrungen aus den letzten, besonders schwierigen Kriegsjahren und der noch entbehrungsreicheren Nachkriegszeit haben gezeigt, dass die Freigebigkeit derer, die selbst nur wenig hatten vergleichsweise recht groß war. Wahrscheinlich, weil sie die Not aus dem eigenen Erleben am besten einschätzen konnten. Um ihre Großzügigkeit nicht über Gebühr zu beanspruchen, besuchten wir diese Verwandten eher selten.

Um einiges öfter machte sich Mutter mit mir auf den Weg nach Böhmzwiesel. Josef Kornexl war ein Cousin meines Großvaters, und auch zu dieser Familie waren die Beziehungen nie abgerissen. Der Bauernhof der Kornexl gehörte mit zu den größten im Dorf. Im Stall standen nicht nur einige Pferde, auf die der Bauer besonders stolz war, sondern auch eine ansehnliche Zahl Kühe, Kälber und ein paar Schweine. Die Felder, Wiesen und Äcker, die zum Anwesen gehörten, hatten eine beeindruckende Größe. Hinter dem mächtigen Vierseithof lag ein weitläufiger Obst- und Gemüsegarten. Trotz der drückenden Abgabepflicht ging es den Kornexls einigermaßen gut. Sie zu besuchen war ziemlich umständlich und vor allem für Mutter mit Strapazen verbunden. Quer durch die Innenstadt Passaus ging es vom Unteren Sand zunächst zum Bahnhof. Darauf folgte eine abwechslungsreiche Zugfahrt hinein in den Bayerischen Wald. Auch hier stellte die Überquerung der Donau einen unvergesslichen Höhepunkt dar. Die Bahnstrecke folgte darauf dem Lauf der geheimnisvoll dunklen Ilz, schmiegte sich eng an steile Felswände und durchquerte mehrfach ausgedehnte Wälder, ehe es dann bei Fürsteneck durch ein Tunnel ging. Die Dunkelheit, die uns da kurzzeitig umgab, blieb mir als gleichermaßen unheimlich und spannend in Erinnerung. Jedenfalls ließ sie mich vorsichtshalber Mamas Nähe suchen. Schließlich erreichten wir Waldkirchen. Nur gelegentlich war damit das Tagesziel erreicht.

12 | *Zwieselholzkapelle bei Böhmzwiesel*

Denn in Waldkirchen gab es auch Verwandtschaft. Großmutters Schwester hatte hierher geheiratet. Ab und an besuchten wir die Familie Killesreiter. Meistens jedoch verließen wir den Zug erst beim Haltepunkt Mayersäge. Von hier ging es dann zu Fuß weiter, bergan zum nahen Böhmzwiesel. Auf halbem Weg zur Ortschaft, unmittelbar neben dem steil aufsteigenden Sandweg, steht die Zwieselholzkapelle. Über einige Granitstufen erreichte man das niedrige Eisengitter, das während der Sommermonate den Innenraum nach außen hin abgrenzte. Da hieß mich Mutter immer für Vater zu beten, dass er wieder gesund aus dem Krieg heimkommen möge. Freilich faltete ich brav die kleinen Hände, wusste aber nie so recht, was ich da eigentlich beten sollte. Ge-

13 | *„Transportmittel" Sportwagen*

betet wurde zuhause nur morgens, vor dem Mittagessen und abends beim Zu-Bett-Gehen. Nachdem das Morgengebet bereits erledigt war, stand nach meinem Dafürhalten also jetzt das Mittagsgebet an. Und so murmelte ich, wie mir Mutter später immer wieder erzählte, tapfer: „Herr Jesus sei unser Gast und segne, was du uns bescheret hast, und auch den Papa". Vater war vor über einem Jahr letztmals daheim. Folglich formten sich in meinem Kopf keine klaren Erinnerungsbilder von ihm. Verstehen konnte ich damals die Gegebenheiten und Zusammenhänge ohnedies noch nicht. So verband sich auch mit dem abstrakten Begriff „Krieg" in mir keine klare Vorstellung. Freilich ließ sich aus den gelegentlich aufgeschnappten Gesprächen der Erwachsenen schließen, dass es sich dabei um etwas furchterregend Böses handeln musste.

Tiefflieger

Die frühesten Erinnerungen an unsere Hamsterfahrten lassen mich den so genannten „Sportwagen" gewahr werden, in dem ich bequem saß und der von Mama geschoben wurde. Heute nennt man derlei Gefährte „Buggy". Allerdings war unser Kleinkinder-Transporter vergleichsweise spartanisch ausgestattet, ohne den raffinierten, technischen Schnickschnack, wie er gegenwärtig üblich ist. Der Wagen begleitete stets unsere Ausflüge zu den Verwandten im Bayerischen Wald. Auch dann noch, als ich schon viel lieber neben Mutter herlief und den „Kinderwagen" als Beschränkung der erst vor kurzem erworbenen Bewegungsfreiheit empfand. Er bewährte sich überdies auch als probater Schwertransporter für die Lebensmittel, die uns Familie Kornexl in der Regel großzügig mitgab. Zu seiner Grundausstattung gehörten neben einigen Kleidungsstücken, die der jeweiligen Wetterlage angepasst waren, außerdem verschiedene Behältnisse zum Abtransport der erhofften Hilfsgüter. Rucksack, Milchkanne, Tasche und Einkaufsnetz waren platzsparend in und an unserem braven, vierrädrigen Packesel verstaut.

Meine kindlichen Wahrnehmungen kristallisieren sich fast ausschließlich an einzelnen Bildern und Begebenheiten, die eine gewisse Ähnlichkeit mit kurzen Filmausschnitten haben. Bruchstückhafte Bildfragmente. Diese Sequenzen scheinen nur auf den ersten Blick willkürlich zu sein. Vielmehr handelt es sich um Ereignisse, die mich eben im frühen Kindesalter als absonderlich, ungewöhnlich oder fremdartig ganz offensichtlich so tief beeindruckten, dass sie im Gedächtnis hängen blieben. Im Erwachsenenalter lösen andere Begebenheiten Erinnerungsbilder aus, werden in der Wahrnehmung andere Prioritäten gesetzt. Ursache für diese Unterschiede ist, so denke ich, die spezifische Weltsicht der Kinder, die sich ganz wesentlich von der der Erwachsenen unterscheidet. Schwierigkeiten bereitet mir des Öfteren die zeitliche Einordnung meiner „Erinnerungsfilme". Wann könnte das gewesen sein? Zu welcher Jahreszeit? An welchem Ort? Festmachen lassen sich die abgespeicherten Begebenheiten in der Regel nur an offiziell bekannten, historischen Daten oder können aus Erzählungen Beteiligter erschlossen werden. Manchmal sind es aber auch relativ präzise Erinnerungen an Tages- und Jahreszeiten, die eine Einordnung der Bildfragmente erleichtern.

Die nun folgende Schilderung eines Zwischenfalls auf einer unserer „Hamsterfahrten" mag dies belegen.

Herbst 1944

Es dürfte im September 1944 gewesen sein, als Mutter und ich wieder einmal unseren Verwandten in Böhmzwiesel einen Besuch abgestattet hatten. Im Sportwagerl machte sich neben allerhand Essbarem unser alter, prall mit Zwetschgen gefüllter Rucksack breit. Dieses Mal mussten wir den weiten Weg bis zum Bahnhof Waldkirchen zurücklegen, um den Personenzug zu erreichen, der aus Haidmühle kommen sollte. Auf die Fahrpläne mit ihren Angaben zu Abfahrt und Ankunft konnte man sich in diesen unruhigen Zeiten nur mehr bedingt verlassen. Da hieß es rechtzeitig aufbrechen und flott marschieren, um etwaige unvorhersehbare Verzögerungen auf dem langen Weg zeitlich auffangen zu können. Das führte letztlich dazu, dass wir bereits eine gehörige Zeit vor dem Eintreffen des Zuges am Ziel angekommen waren. Wir waren aber keineswegs die Ersten. Die Zahl der Fahrgäste stieg rasch an. Mutter hatte auf einer Bank Platz genommen. Der Marsch war ziemlich anstrengend gewesen. Ich dagegen hatte, wie eigentlich alle Kinder in diesem Alter, eine erstaunlich gute Kondition und war bald wieder in Bewegung. Wahrscheinlich empfand ich bereits nach kurzer Zeit das Still-Sitzen und Warten als langweilig. Jedenfalls schob ich unseren hoch beladenen Zweiachser trotz Mutters eindringlich formulierter Bedenken auf dem sandigen Bahnsteig hin und her, während sich Mama mit den ebenfalls Wartenden angeregt unterhielt. Sie wird mich wohl zwischen all den Menschen für wenige Augenblicke aus den Augen verloren haben, als das Unheil passierte. Bei meinen gewagten Rangiermanövern entlang der Bahnsteigkante hatte ich die Herrschaft über unser Transportfahrzeug verloren, worauf dieses ungebremst in das Gleisbett abstürzte. Das gesamte, so wertvolle Frachtgut entlud sich zwischen den Schienen. Am schlimmsten hatte es die Zwetschgen erwischt. Sie sprangen und kullerten massenweise aus dem Rucksack, dessen betagte Verschnürung den Sturz augenscheinlich nicht verkraftet hatte. Mutter war mit einem Schrei aufgesprungen und zum Unglücksort geeilt. Viele Hände halfen, den Wagen zu bergen und die kostbare Fracht wieder einzusammeln. Soweit ich zurückdenken kann, war dies das erste Mal in meinem noch so jungen Leben, dass ich so etwas wie Schuld empfand. Und ich schämte mich. Jetzt kam uns das frühe Eintreffen am Bahnhof zugute. Die Bergungsarbeiten standen unter keinerlei Zeitdruck, da unser Zug noch längst nicht in Sicht-

oder Hörweite war. Mein ausgeprägter Bewegungsdrang hatte sich schlagartig gelegt und war dem Bedürfnis gewichen, mit Mutter vorsichtshalber engen Körperkontakt zu halten. Als sich dann endlich zischend und pfauchend der Zug näherte, kam Bewegung in die Menge. Die Leute drängten in die wenigen Waggons, während wir zunächst unser Gefährt einem Schaffner im Gepäckwagen anvertrauten. Der war am Ende des Zuges angekoppelt. In ihm stapelten sich Kisten und Schachteln, wurden Fahrräder und eben auch Kinderwägen transportiert. So ziemlich als Letzte bestiegen wir beide den Waggon unmittelbar vor dem Gepäckwagen. Dicht gedrängt saßen die Fahrgäste, hatten Taschen, Schachteln und Säcke auf den Knien liegen oder im Gepäcknetz verstaut. Wie mir Mutter später erzählte, hatte sie einen der wenigen freien Sitzplätze ergattert und hatte mich auf den Schoß genommen. Wohl wegen des gleichmäßigen Rollens und Schaukelns und des rhythmischen Schnaubens der Lokomotive hatte mich bald die Müdigkeit übermannt. Jetzt forderten der lange Fußmarsch und wahrscheinlich auch die Aufregungen der vergangenen Stunden ihren Tribut.

Schlagartig werde ich von einem lauten Quietschen und dem ruckartig harten Anhalten des Zuges aus dem Schlaf gerissen. Nach umfangreichen Recherchen muss das in der Nähe der Bahnstation Kalteneck gewesen sein. Lautes Stimmengewirr. Angsterfüllte Schreie. Menschen drängen zu den Türen, springen von den Trittbrettern. Panik. Mutter hat mich auf den Arm genommen, drückt mich fest ans sich. Ein Mann in Uniform hilft beim Aussteigen. Er nimmt mich Mutter ab, damit sie ungehindert vom Trittbrett springen kann. Die Menschen hasten zu den Bäumen in Richtung Ilzufer. Sie suchen Schutz und Deckung. Die panischen Schreie „Tiefflieger, Tiefflieger" prägen sich mir unauslöschlich ein. Ihre Bedeutung kann ich zu dem Zeitpunkt nicht verstehen. Ein Soldat hindert uns daran, den Fliehenden hinterherzulaufen. Mit mir als „Ballast" hätte Mutter das rettende Wäldchen bestimmt nicht mehr rechtzeitig erreicht. Der Mann schiebt und zerrt uns unter einen Waggon und rettet uns damit vermutlich das Leben. Wir sind nicht die Einzigen, die Zuflucht gesucht haben unter den schützenden Eisenbahnwägen. Offenbar kommen wir unmittelbar neben einem dieser massiven, eisernen Wagenräder zu liegen, weil ich dessen beeindruckende Größe heute noch deutlich vor Augen habe. Und dann bricht ein ohrenbetäubender Lärm los. Ein dröhnend lautes Motorengeräusch rast in kurzen Abständen mehrmals über uns hinweg, begleitet von einem unsäglichen Knattern und Krachen, Splittern und Pfeifen. Mutter drückt mich fest an sich. Dann tritt unvermutet Stille ein. Die Menschen sind erleichtert, wollen zurück in den Zug. Nichts wie weg! Aber die wenigen Soldaten, die im Zug saßen, sorgen dafür, dass niemand sein Versteck verlässt. Grund für diese umsichtige Reaktion sind die sicherlich vielfachen, leidvollen Erfahrungen mit Tieffliegerangriffen. „Die kommen wieder", schreien sie in die Menge, winken, fuchteln mit den Armen und hindern so gut es geht die Leute daran, in ihr Verderben zu laufen. Und tatsächlich jagt nach kurzer Zeit das Inferno erneut über uns hinweg. Die Bordschützen der Tiefflieger feuern erneut ihre Geschosse auf den Zug und die unmittelbare Umgebung. Ich kann zwischen den Waggonrädern viele rote Spritzer erkennen, die durch die Luft wirbeln. Im Nachhinein stellt sich heraus, dass neben den Gleisen aufgestapelte Dachziegel durch den massiven Beschuss zerborsten waren. Die roten Spritzer waren also Ziegelsplitter. Nach der Einschätzung meiner Mutter muss es sich um zwei Maschinen gehandelt haben, die uns in Angst und Schrecken versetzt hatten. Und wieder kehrt nach dem kurz währenden Höllenlärm gespenstische, trügerische Ruhe ein. Jetzt traute sich niemand mehr aus seinem Versteck. Erst nach einiger Zeit, die wahrscheinlich nicht nur ich als eine halbe Ewigkeit in Erinnerung habe, wagen sich zunächst die Soldaten heraus. Auf ihr Geheiß laufen die Menschen aus dem Wäldchen die Böschung herauf, kriechen unter den Waggons hervor und besteigen, so rasch es geht, den Zug. Die Fahrt wird fortgesetzt. Das bedrückende Gefühl, jederzeit wieder Ziel eines erneuten Angriffs zu werden, liegt bleischwer über den Passagieren. Aber wir bleiben verschont. Als wir in Passau ankommen, ist es Nacht geworden.

Die „Radtour"
18. April 1945, dritter Luftangriff auf Passau

Die Not und die Lebensmittelknappheit wurden gegen Ende des Krieges immer drückender. Die Versorgung der geplagten Bevölkerung in den Städten war durch die weitgehende Zerstörung der Straßen und Bahntrassen, der Schienen- und Straßenfahrzeuge fast gänzlich zum Erliegen gekommen. Der dritte Luftangriff auf Passau hatte vor allem den Hauptbahnhof und die anschließenden Gleisanlagen zum Ziel. Die Schäden durch die heftige Bombardierung waren sehr groß. Sie hatten ein Ausmaß erreicht, das vorübergehend jegliche Zugverbindung von und nach unserer Stadt lahm legte. Der gesamte Schienenverkehr war zusammengebrochen, und damit war auch die Versorgung der Bevölkerung mit Nahrungsmitteln unmöglich geworden. Schnell waren die wenigen Vorräte aufgebraucht. Hunger machte sich allenthalben breit. Getrieben von der Not machte sich so mancher Stadtbewohner zu Fuß oder mit dem Fahrrad auf den Weg zu den Bauernhöfen in der Umgebung, aber durchaus auch in weiter entfernte Dörfer. Immer in der Hoffnung, auf mitleidvolle, freigebige Bauersleute zu treffen, die etwas abgaben von den eigenen geringen Vorräten. Dabei waren diese Hamsterer zunehmend großen Gefahren ausgesetzt. Immer häufiger nahmen die gefürchteten Tiefflieger Fahrzeuge und auch Menschen auf den Straßen und Wegen unter Beschuss. Wenn sie im Tiefflug über die Landschaft strichen, war ihr Motorengeräusch erst sehr spät zu hören. Da blieb dann höchstens noch Zeit, sich in den Straßengraben zu werfen. Wenn man Glück hatte, konnte man vielleicht noch rasch hinter Bäumen Schutz suchen.

Die äußeren Umstände lassen darauf schließen, dass es zwischen dem 19. und 25. April 1945 gewesen sein muss, als sich Mutter mit mir in den frühen Morgenstunden eines empfindlich kalten Frühlingstages auf den Weg nach Böhmzwiesel gemacht hatte. Nachdem keine Züge mehr fahren konnten, sollte der weite, gefährliche Weg mit dem Fahrrad zurückgelegt werden. Nach Mutters Schilderung saß ich einigermaßen bequem in einem aus Weidenruten geflochtenen Kindersitz, der auf dem schmalen Gepäckträger festgemacht war. Immer wenn es bergauf ging und das Rad geschoben wurde, durfte ich nebenherlaufen. Das war durchaus angenehm, weil mir dabei warm wurde. Außerdem erzählte Mutter dann immer spannende oder lustige Geschichten, um mich bei Laune zu halten. Wenn es bergab ging, kam mir die flotte Fahrt rasend schnell vor. Ich genoss es. Nachdem Mama recht sportlich war, hielt sie unser Gefährt sogar an leichten Steigungen am Laufen. Die Straßen waren vergleichsweise schlecht. Überwiegend waren es Sandstraßen, die das Vorwärtskommen erschwerten und darüber hinaus zu einem staubigen Abenteuer werden ließen. Durch die Dörfer holperten wir meist über buckliges Kopfsteinpflaster. Auf der größtenteils geteerten Hauptstraße, der heutigen B12, fuhren auffallend viele Militärfahrzeuge Richtung Passau. Diese mied Mutter so gut es ging aus Furcht vor Tieffliegerangriffen. Dafür kamen wir auf den schlecht ausgebauten Nebenstraßen halt nur recht langsam voran. In Erinnerung blieb mir von diesem ersten Teil unserer „Radtour" auch, dass wir eine ziemlich lange Strecke von einem kläffenden Hund verfolgt wurden, dessen bleckenden Zähnen wir nur durch Mamas beherztes Treten in die Pedale entkamen.

Am frühen Nachmittag kamen wir bei den Verwandten an. Die waren bass erstaunt über unsere weite Fahrt, zumal man ja bereits in allernächster Zeit die immer weiter vorrückenden amerikanischen Truppen erwartete. In ihren Augen war unsere Unternehmung ein recht wagemutiges, ja leichtsinniges Unterfangen. An einen längeren Aufenthalt, an eine den Strapazen angemessene Pause war nicht zu denken. Die Tage sind noch recht kurz im April. Es wird schnell dunkel. Ich sehe uns noch am quadratischen, behäbigen Bauerntisch auf der so genannten „Fürbank" sitzen. Die Bäuerin hatte schnell die Reste des Mittagessens auf dem großen Holzherd aufgewärmt und stellte eine Reine mit viel Soße, etwas Fleisch und einer Menge köstlicher Kartoffelknödel auf den Tisch. Eine wahre Delikatesse. Die guten Leute steckten Mutter zu, was sie entbehren konnten. Unter anderem auch die restlichen Knödel. Einen davon verspeiste ich auf der Rückreise ganz, ganz langsam, um möglichst lange den Geschmack von Kernmehl und Kartoffeln genießen zu können. Und dann traten wir umgehend die Rückfahrt an. Wegen der früh eintretenden Dunkelheit war Eile geboten. Heimzu wagte sich Mutter wegen der aufkommenden Dämmerung auf die geteerte Hauptstraße. Tieflieger musste man zu dieser Tageszeit kaum befürchten. Jetzt kamen wir bedeutend flotter vorwärts, obwohl unser Drahtesel jetzt ziemlich beladen war. An der Lenkstange baumelten links und rechts zwei Säckchen Kartoffeln, der Rucksack, den Mutter auf dem Rücken trug, barg einen Laib Brot, die Knödel, ein wenig Fett und Mehl. Das alles verlangsamte natürlich unsere Reisegeschwindigkeit beträchtlich. Die Dämmerung setzte rasch ein. Mama hatte mich im Kindersitz vorsichtshalber festgeschnallt, damit ich nicht aus dem korbartigen Gebilde stürzen konnte, falls mich der Schlaf übermannte. Als wir an der so genannten Kreuzstraße ankamen, war es bereits dunkel. Hier kreuzten sich zwei wichtige Verkehrsachsen. Aus westlicher Richtung kommend, erreichte die eine Achse zunächst den Markt Hutthurm und zog dann weiter über Büchlberg in den Raum Hauzenberg. Sie war von vergleichsweise geringerer Bedeutung. Als Verlängerung der so genannten „Ostmarkstraße" führte eine, während der NS-Zeit aus militärischen Gründen gut ausgebaute Straße aus nördlicher Richtung kommend von Schönberg über Röhrnbach nach Passau. Auf ihr stießen die bestens ausgerüsteten und hoch aufmunitionierten amerikanischen Truppen mit ihren starken Panzerverbänden unaufhaltsam nach Süden vor und trieben die arg dezimierten deutschen Truppen und versprengten Reste verschiedenster Einheiten vor sich her. Und hier an der Kreuzstraße hatten sich diese Verbände zu einem kurzen Halt gesammelt und begannen, den Rückzug in aller Eile einigermaßen zu ordnen. Mutter erzählte später, dass man das dumpfe Grollen des amerikanischen Artilleriefeuers aus nördlicher Richtung schon einige Zeit deutlich vernehmen konnte.

Wahrscheinlich war ich trotz der Kälte und dem Rütteln auf unserem schlingernden Gefährt eingeschlafen. Mutters Ängste und die großen Gefahren, denen wir mittlerweile ausgesetzt waren, übertrugen sich auf mich zunächst überhaupt nicht. Ich konnte sie nämlich in keiner Weise einschätzen. Mein „Erinnerungsfilm" beginnt erst mit der Ankunft an der Kreuzstraße.

Es ist kalt und finster. Viele Soldaten in Uniform laufen hin und her. Schemenhaft nehme ich die Gestalten wahr. Eine Anzahl unterschiedlich großer Fahrzeuge steht am Straßenrand. Überwiegend riesige Lastwägen mit Anhängern. Die Scheinwerfer sind allesamt abgedunkelt. Ein spärlicher Lichtschein dringt aus deren schmalen Schlitzen. Lautes Geschrei und Stimmengewirr. Scharfe Befehle hallen durch das gespenstische Dämmerlicht. Menschen mit Rucksäcken und allerhand Gepäck drängen sich an den Lastwägen und Anhängern, die teilweise hoch beladen sind. Soldaten beugen sich über die Bordwände und helfen den Menschen so gut es geht dabei, auf die Fahrzeuge zu klettern. Ich spüre die Hektik und die panische Angst, welche die Leute erfasst hat. Dass auch wir ganz schnell hier weg müssen, kann ich auch aus Mamas Verhalten schließen.

Wie weit die feindlichen Truppen noch entfernt waren und wie schnell sie vorwärts kamen, ließ sich schwer einschätzen. Der dumpf vernehmbare Geschützdonner zeugte von deren relativer Nähe. Ich hielt das rollende Geräusch für ein aufziehendes Unwetter. Gewitter hatte ich bereits mehrfach erlebt. Sie machten mir Angst. Folglich erklärte ich mir die aufgeregte

Stimmung, die hektische Eile, das Schreien und Rennen für eine Art panische Flucht vor dem herannahenden Blitz und Donner.

Die Wahrscheinlichkeit, dass wir Passau aus eigener Kraft noch rechtzeitig vor den heranrückenden Amerikanern erreichen würden, hielt Mutter scheinbar für sehr gering. Also reihte sie sich mit mir und unserem aufgepackten Fahrrad in die Reihe der Leute ein, die darauf hofften, noch einen Platz auf einem der Fahrzeuge zu ergattern.

Ich höre jemanden durchdringend laut „Frauen und Kinder zuerst!" rufen. Dann strecken sich mir zwei kräftige Hände von oben entgegen und setzen mich auf eines der riesigen Öl- oder Benzinfässer, die dicht an dicht auf der Ladefläche eines Anhängers stehen. Eingepfercht in den engen Zwischenräumen stehen Soldaten, Frauen und Männer mit allerhand Gepäckstücken, die sie vor sich auf den Fässern abgelegt haben. Ich bin offensichtlich der Letzte, der auf den bereits überfüllten Hänger gehoben wurde. Unser Rad hieven Soldaten auf einen weiteren Anhänger, der ebenfalls an unsere Zugmaschine gekoppelt ist. Zum Entsetzen meiner Mutter werden wir beide getrennt. Alles verzweifelte Bitten und Flehen, man solle sie doch zu ihrem Kind lassen, hilft nichts. Sie muss auf den zweiten Hänger klettern und steht jetzt völlig aufgelöst neben unserem Drahtesel ebenfalls eingeklemmt zwischen großen Metallfässern. Mutters Angst überträgt sich auf mich. Wenigstens haben wir Sichtkontakt. Das beruhigt zwar ein wenig, aber in Anbetracht der Finsternis, die uns umfängt, ist der nur sehr eingeschränkt möglich. Immerhin kann ich trotz der dröhnenden Motoren- und Fahrgeräusche zwischendurch wenigstens ihre vertraute Stimme vernehmen.

Das beruhigt mich einigermaßen. Obwohl die Dunkelheit an sich schon beängstigend genug ist, empfinde ich die Abwesenheit der Mutter, als Garant für Schutz und Sicherheit, als weitaus schlimmer. Trotzdem legt sich allmählich die Angst. Viele Eindrücke stürmen auf mich ein und setzen sich in der Erinnerung fest. Die Geräusche, die Menschen, der kalte Fahrtwind, die Geschwindigkeit, das bedrohliche Schwanken und Schlingern.

Dass sie während der langen Fahrt fürchterliche Angst um mich ausgestanden hatte, erzählte Mutter in späteren Jahren oft und oft. Mir dagegen blieb dieser fluchtartige Rückzugstransport letztlich als ein eher spannendes Abenteuer im Gedächtnis. Ich fühlte mich eigentlich recht sicher, weil mich während des gesamten Aufenthaltes auf dem scheppernden, rumpelnden Gefährt zwei starke Soldatenhände umfasst hielten und mich bei meinen Schlafattacken vor dem sicheren Absturz bewahrten. Um mich wach zu halten, redete der freundliche junge Mann beharrlich auf mich ein und schüttelte mich von Zeit zu Zeit sanft. Aber so richtig hellwach wurde ich erst kurz vor der Stadtgrenze Passau durch laute Schreie und angsterfülltes Kreischen. Die scharfen, engen Kurven hinunter zur Ilzstadt hatte der offensichtlich ortsunkundige Lenker unserer Zugmaschine falsch eingeschätzt. Nicht verwunderlich bei der Dunkelheit und dem schwachen Licht, das die abgedunkelten Scheinwerfer abgaben. Außerdem war die Geschwindigkeit, mit der unser Konvoi unterwegs war, dem kurvenreichen Straßenverlauf wahrscheinlich nicht angepasst. Durchaus verständlich in Anbetracht der Gefahren, die durch die nachrückenden amerikanischen Truppen drohten. Niemand konnte einschätzen, wie nahe uns deren Vorhut vielleicht schon war. Außerdem war den für unseren Konvoi Verantwortlichen sicherlich bewusst, dass man gerade in Passau mit seinen vielen Flüssen sämtliche Brücken sprengen würde, ehe sie die feindlichen Truppen für ihren Vormarsch nutzen konnten. Die entsprechende Befehlslage, von höchster Stelle ausgegeben, war eindeutig und in Militärkreisen sicher hinlänglich bekannt. Würde es gelingen, die Stadt zu erreichen, bevor die Brücken gesprengt waren? Eile war also durchaus geboten. Jedenfalls begannen in den beiden serpentinenartigen Kurven die beiden Anhänger gefährlich zu schlingern, wobei der letzte von ihnen nach Mamas Erinnerung zeitweise nur auf zwei Rädern durch die engen Radien segelte. Er war nahe am Umstürzen.

Das geladene Rückzugsgut gerät ins Rutschen. Einige Kisten stürzen über die Bordwand. Menschen werden zwischen den Fässern eingeklemmt und schreien auf. Was auf dem zweiten Hänger los ist, kann man in der Dunkelheit nicht erkennen. Nur wenn uns die Scheinwerfer des hinter uns fahrenden Gespanns kurzzeitig und schwach erfassen, lassen sich schemenhafte Umrisse ausmachen. Die Finsternis macht alles noch schlimmer. Mein Beschützer drückt mich so fest an sich, dass es schmerzt. Was ist mit Mama? Erst als ich ihre Stimme wieder vernehme, kann mich „mein" Soldat einigermaßen beruhigen.

Die Brücken waren glücklicherweise noch intakt, und so konnten unsere Fahrzeuge die Ilzbrücke passieren und erreichten schließlich die Angerstraße entlang der Donau. Hier stand bereits eine lange Kolonne von Militärfahrzeugen. Soldaten winkten unseren Fahrer ein. Nachdem unser Gespann zum Stehen gekommen war, kletterten die „Passagiere" von den Fahrzeugen und machten sich eilends auf den Heimweg. Endlich wieder in Mutters Armen! Jetzt war alles wieder gut. Die große Anspannung wich allmählich. Unser Fahrrad hatte einiges abbekommen. Es sah ziemlich mitgenommen aus. Aber unsere „Schätze" waren noch allesamt da. Eben als Mutter damit begann, den Lenker wieder auszurichten, das Schutzblech und den Gepäckträger gerade zu biegen, lief Papa auf uns zu und schloss uns zunächst voller Freude und Erleichterung in seine Arme. Er hatte sich größte Sorgen um uns gemacht und wartete schon seit Stunden an der Hängebrücke, in der Gewissheit, dass er uns aufgrund der topographischen Gegebenheiten hier treffen musste, egal, ob wir per Rad oder mit einem der Rückzugstransporter ankommen würden. Wir waren wieder glücklich vereint. An den restlichen Heimweg habe ich keinerlei Erinnerung. Wahrscheinlich habe ich ihn auf Vaters Schultern verpennt.

Das Kriegsende – unruhige Zeiten

Die letzten Kriegstage in offiziellen Zahlen

An dieser Stelle sollen zum besseren Verständnis und zur Einordnung der beschriebenen Ereignisse die offiziellen, nüchternen Daten der letzten Kriegstage in einem groben Überblick aufgeführt werden.

Luftangriffe gab es

am *29. November 1944* um 12.45 Uhr mit 43 Toten,

am *19. März 1945* ab 15.15 Uhr mit 30 Toten,

am *18. April 1945* ab 14.00 Uhr mit 150 Toten, 434 Tonnen Bomben fielen.

14| *Von den Amerikanern abgeworfenes Flugblatt sollte deutsche Truppen zur Aufgabe bewegen*

Seit dem *Frühjahr 1944* kommt es in Passau und in der weiteren Umgebung immer wieder zu Tieffliegerangriffen, die Anfang 1945 an Intensität zunehmen.

Ab dem *1. März 1945* gibt es täglich Fliegeralarm, der vor herannahenden Bomberverbänden warnt. Großalarm wird immer dann gegeben, wenn die Bomber nur noch etwa 100 Kilometer entfernt sind. Nach dem letzten Fliegeralarm am *28. April 1945* erfolgt keine Entwarnung mehr.

Seit dem *25. April 1945* ist aus dem Bayerischen Wald Geschützdonner zu hören. Amerikanische Flugzeuge werfen Flugblätter ab und fordern zum Einstellen der Kampfhandlungen auf.

Ende April verlassen viele Menschen Passau.

Am *29. April 1945* beginnt von Tittling aus der Artilleriebeschuss von Passau. Die Eisenbahnbrücke beim Kraftwerk Kachlet wird gesprengt.

Am *30. April 1945* beschießt die US-Artillerie Passau von Tiefenbach aus. Sämtliche Stadtteile werden getroffen. Die Eisenbahnbrücke über den Inn und der so genannte Fünferlsteg werden gesprengt.

15 | **Die gesprengte Eisenbahnbrücke über den Inn in Passau**

oben 16 | *Die Marienbrücke in Passau nach der Sprengung*

unten 17 | *Passau Ilzstadt, gesprengte Brücke über die Ilz*

Am *1. Mai 1945* wird Hals von den US-Truppen besetzt. Die Ilzbrücke, die Marienbrücke über den Inn, der Kachletstegs, sowie die Hängebrücke über die Donau werden gesprengt. Die Maxbrücke über die Donau wird von einer Granate getroffen, worauf zwei Brückenelemente einstürzen.

Am *2. Mai 1945* um die Mittagszeit nehmen US-Truppen die Ilzstadt ein und erreichen Hacklberg. Der Artilleriebeschuss Passaus wird eingestellt. Bereits am Vormittag stehen US-Truppen in der Bahnhofstraße und gegen Mittag am Residenzplatz. Am frühen Abend ist Passau eingenommen.

In den letzten Tagen vor dem heiß ersehnten Kriegsende und in der ersten Zeit, als die amerikanischen Truppen in Passau einmarschiert waren, ging es in unserer Stadt, wie wahrscheinlich andernorts auch, arg durcheinander. Die fehlende Ordnung war in allen Bereichen spürbar. Die zeitweise chaotischen Zustände hatten gelegentlich anarchische Züge angenommen. Eine exakte Erfassung der Geschehnisse und Vorkommnisse in diesen Tagen mit all ihren vielfältigen Ausprägungen gibt es meines Wissens nicht. Dagegen wurden die offiziell zugänglichen Daten umfänglich zusammengetragen und sind längst veröffentlicht. Daher beschränke ich mich in meinen Ausführungen weiterhin auf die eigenen Erlebnisse. Die geschilderten Begebenheiten sind aus heutiger Sicht relativ unspektakulär, können jedoch diese unruhige Zeit exemplarisch beleuchten und beschreiben. Immerhin müssen sie mich als Kind dermaßen beeindruckt oder berührt haben, dass sie bis heute fest im Gedächtnis verankert blieben.

Chaos auf der Eisenbahnbrücke
Ende April 1945
Die letzten Kriegstage waren kalt und windig. Immer wieder heulten die Sirenen. Fliegeralarm. Vor allem auf die weitläufigen Eisenbahnanlagen im Westen der Stadt hatten es die Bomber der Alliierten abgesehen. Dann plötzlich blieben für ein paar wenige Stunden die gefürchteten Fliegerangriffe aus. Jetzt wagten sich die Menschen allmählich wieder auf die

18 | *Maria-Theresia-Brücke über den Inn in Passau vor der Sprengung*

Straßen, erledigten in aller Eile dringend nötige Besorgungen und versuchten, auf allerlei Wegen über die Flüsse hinweg Kontakt zu den Verwandten zu bekommen. Die Marienbrücke über den Inn war für Zivilpersonen zeitweise gesperrt worden. Sie war vorwiegend dem Rückzug vorbehalten und sollte wohl demnächst gesprengt werden. So machte sich mein Vater mit mir kleinen Knirps von knapp sechs Jahren auf den Weg flussaufwärts zur Eisenbahnbrücke.

Den wahren Grund für diesen nicht ungefährlichen Marsch am Ufer entlang erfuhr ich erst viel später. Ich hätte die Sache zu diesem Zeitpunkt ohnedies nicht verstanden und hätte das geplante Vorhaben wahrscheinlich nur unter tränenreicher Gegenwehr hingenommen. Ich sollte nämlich diese gefahrvolle Zeit in der vermeintlich sicheren Innstadt in der Obhut von Großvater und den Tanten verbringen.

Papa wollte mit mir über die von Soldaten streng bewachte Eisenbahnbrücke das rechte Innufer erreichen. Diese war jedoch ausschließlich Zügen vorbehalten. Für andere Fahrzeuge und Fußgänger war sie nicht geeignet und deshalb gesperrt. In der Mitte zwischen den Gleisen und seitlich neben den Schienen waren lediglich breite Holzbohlen verlegt worden, damit Eisenbahnbedienstete bei Wartungsarbeiten den Fluss einigermaßen sicher überqueren konnten. Ansonsten hielt nur eine massive Eisenkonstruktion unter den Schienen den Bahnkörper. Man sah also zwischen den Holzschwellen direkt in den darunter wild durchrauschenden Fluss. Beim Drübergehen musste man deshalb höllisch aufpassen. Diese Brücke war bislang nicht gesprengt worden, weil man noch wichtige Rückzugstransporte aus dem Südosten, aus Ungarn und Österreich erwartete. Wenn dann die wertvollen Güter, allerhand Kriegsgerät sowie Botschaftsangehörige, Diplomaten mit ihren Familien, hohe Militärs und die Verwundeten in den Sanitätszügen das linke Ufer erreicht haben würden, sollte auch diese Verbindung über den Inn zerstört werden. Die Sprengladungen waren sicherlich längst angebracht worden. Wie man sich vorstellen kann, hatten schon viele Leute vor uns versucht, über diese Eisenbahnbrücke an das jeweils andere Ufer zu gelangen. Aber die Wachmannschaft hatte den strikten Befehl, dies mit allen zu Gebote stehenden Mitteln zu verhindern. Da halfen weder Bitten und Flehen, noch wortgewaltige Zornesausbrüche. Dramatische Szenen spielten sich ab und ängstigten mich. Sie sind mir heute noch gut in Erinnerung. Trotz allem rechnete sich mein Vater gute Chancen für sein Vorhaben aus. Während des Krieges hatte er als Eisenbahningenieur im Rang eines Oberleutnants einen Bauzug bis tief hinein nach Russland geführt. Aber schon vor Wochen hatte für Papa und seine Leute der gefahrvolle Rückzug begonnen. Seitdem sie in der Heimat wieder eingetroffen waren, hatten er und ein Teil seiner Männer vordringlich dafür zu sorgen, die Schäden an den Gleiskörpern, welche die Fliegerbomben angerichtet hatten, so gut es ging auszubessern. Vater hatte demzufolge eine Legitimation, die es ihm gestattete, sämtliche Gleisanlagen in seinem Zuständigkeitsbereich betreten zu dürfen. Und dies sollte zum Überqueren der Brücke allemal genügen. Wahrscheinlich hätte das auch geklappt. Aber es kam nicht mehr dazu.

Wir standen gerade eben bei den Posten, die sich an dem alten, noch erhaltenen Brückenturm verschanzt hatten. Papa verhandelte mit den Soldaten und zeigte ihnen seine Papiere. Die jedoch hielten Vater vom Betreten der Brücke ab und lenkten als Begründung dafür unsere Blicke auf das gegenüberliegende Ende der Brücke. Man konnte unschwer erkennen, dass es dort drunter und drüber ging.

Befehle werden scharf geschrien. Die Lokomotiven der wartenden Züge stoßen immer wieder laute Pfiffe aus und lassen laut zischend Dampf ab. Lautes Weinen dringt herüber, Gekreische, Motorenlärm. Soldaten in schier endlosen Reihen marschieren müde, abgekämpft und teilweise schwer bepackt über die Brücke zu uns herüber. Deutlich vernimmt man das Poltern ihrer Stiefel auf den Brettern und Bohlen. Militärs drängen mit vorgehaltener Waffe die Zivilpersonen zurück. Die versuchen, sich zwischen die Truppen zu mischen, um an das andere Ufer zu gelangen. Frauen mühen sich mit hoch aufgepackten Handkarren und Leiterwägen ab, dazwischen Kinder, Alte, Pferdefuhrwerke.

Ich empfand die gesamte Szenerie als fürchterlich bedrohlich, schrecklich und klammerte mich an Vater. Was ich da mit ansehen und erleben musste, konnte ich in meinem Alter zwar noch nicht begreifen, fand das Geschehen jedoch gleichermaßen entsetzlich, furchterregend, beängstigend wie faszinierend. Es hat sich tief in meine kindliche Seele eingegraben.

Und dann mit einem Mal steigert sich der ohrenbetäubende Lärm, begleitet eine tumultartige Szene. Peitschen knallen, Schüsse krachen und plötzlich rast ein von Pferden gezogener, hoher, geschlossener, blau gestrichener Wagen auf die Brücke. An der Seite unter den beiden Fenstern ist mit weißer Farbe in Großbuchstaben, die ich bereits mühsam entziffern kann, das Wort CIRKUS aufgemalt. Auf dem Kutschbock sehe ich einen bärtigen Mann in eigenartig farbenfroher Uniform, der mehr steht, als er sitzt. Hinter ihm durchbrechen drei weitere, ähnliche Gespanne die Absperrung und stürmen im Galopp ebenfalls auf die Brücke zu. Dazwischen Menschen und Pferde. Die Wägen schwanken bedrohlich, Bretter splittern, Peitschenknallen treibt die verängstigten Tiere zum Äußersten an. Das kann nicht gut gehen. Und es geht auch leider nicht gut. Eines der beiden Pferde aus dem vordersten Gespann bricht plötzlich mit der Hinterhand zwischen den Bohlen und Bahnschwellen durch und hängt mit den Hinterbeinen frei über dem reißenden Fluss. Es wiehert erbärmlich, kann sich aber aus dieser verzweifelten Lage nicht mehr befreien. Das andere Pferd im Gespann bäumt sich auf, reißt und zerrt in seiner Angst an Geschirr und Deichsel. Jetzt springt der Kutscher von seinem Bock herunter und versucht, dem verunglückten Tier zu helfen. Aber er schafft es einfach nicht. Von hinten drängen unkontrolliert viele Menschen und die drei weiteren, in ihrem

Aussehen dem ersten Gespann ähnelnden Fuhrwerke nach. Die Wachmannschaften haben die Lage überhaupt nicht mehr im Griff und geben offensichtlich in Anbetracht der aufgekommenen Panik jeglichen Versuch auf, die Menge zurückzuhalten. Zu allem Überfluss geben sie mehrere Warnschüsse ab. Das erschreckt die Pferde noch mehr. Sie bäumen sich immer wieder auf und sind nicht mehr zu zügeln. Alle Anstrengungen, das verunglückte Tier wieder auf die Beine zu bringen, misslingen. Schließlich erbarmt sich einer der Soldaten der geschundenen Kreatur und erlöst sie mit einem gezielten Gnadenschuss von seinen Qualen. Zaumzeug und Geschirr werden dem Pferd hastig abgenommen. Man schiebt und zerrt es zur Seite. Und nachdem einige umsichtige Männer den Bohlenbelag zwischen den Schienen notdürftig zurechtgerichtet haben, setzt sich der gespenstische Zug, nun allerdings langsamer und vorsichtiger, wieder in Bewegung.

Zwar hatte mich das traurige Ende des Zugpferdes sehr berührt, aber eine andere Beobachtung zog mich noch mehr in ihren Bann. Schon zu Beginn des aufregenden Schauspiels auf der Brücke erregte eine absonderliche Gruppe meine Aufmerksamkeit. Da hastete ein eigenartig gekleideter Mann hinter den Zirkuswägen her. Ein Hüne von Gestalt mit braun gebranntem Gesicht und einem mächtigen schwarzen Schnurrbart. Er war in einen weiten, offenen, braunen Mantel gehüllt, der mit grünen Borten gesäumt war. Darunter trug er eine weite, auffällig rote Reiterhose, und seine Beine steckten in hohen dunklen Stiefeln. Er musste Bärenkräfte besitzen, denn seine linke Hand umschloss fest ein Bündel langer Zügel. Daran führte er drei Schimmel, die ihm trotz des Lärms erstaunlich aufmerksam, ruhig und bedacht folgten. Wunderschöne Tiere. Ich konnte erkennen, dass er sich immer wieder den Tieren zuwandte und beruhigend auf sie einredete. Offensichtlich hatten die Pferde zu ihm eine ganz besondere Beziehung. Sie vertrauten ihrem Herrn. Vorsichtig schob sich diese fremdartig anmutende Gruppe durch das Gewühl und Gezeter und näherte sich allmählich unserem Ufer. Ihr Anblick hatte mich fasziniert. Das Bild prägte sich mir tief ein. Meine Augen verfolgten die seltsame Gruppe, bis sie bei uns herüben war und von der großen Menge neugieriger Menschen aufgesogen wurde, die sich mittlerweile eingefunden hatte.

Noch ehe die Gespanne bei uns herüben angekommen waren, kletterten Vater und ich die steile Bahnböschung hinab und machten uns auf den

Heimweg. Denn Vater hatte angesichts der dramatischen Ereignisse inzwischen seinen Plan aufgegeben, mich in die Obhut der Verwandtschaft zu geben. Jedenfalls marschierten wir so schnell ich es vermochte nachhause zurück. Stunden später war dann tatsächlich auch diese Eisenbahnbrücke über den Inn gesprengt worden. Zur Freude und Erleichterung der gesamten Bevölkerung rückten dann einige Tage später amerikanische Truppen in unsere Stadt ein. Ganz allmählich kehrte wieder so etwas wie Normalität zurück in das Leben. Zumindest sagten das die Erwachsenen. Für uns Kinder war die Kriegszeit mit all ihren Entbehrungen und vielfältigen negativen Erscheinungen das Normale. Wir kannten es eben nicht anders.

Glück und Pech – ein tragischer Unfall
27. oder 28. April 1945

Aus Südosten kommend ziehen deutsche Truppen auf dem Rückzug durch Passau. Lange Fahrzeugkolonnen winden sich durch die engen Straßen der Innstadt, erreichen über die Innbrücke die Stadt und ziehen weiter. Wohin genau weiß eigentlich niemand so recht.

An einem sonnigen, kalten Nachmittag stehen meine Eltern und ich zusammen mit vielen anderen an der Innstraße und beobachten die ankommenden Truppen. Die Menschen schwenken Fähnchen, winken und freuen sich. Ganz offensichtlich auch die ausgemergelten Soldaten, die auf den offenen Ladeflächen der Lastautos sitzen. Viele haben wegen der niederen Temperaturen Decken umgehängt. Sie winken zurück. Sie wirken fröhlich und hoffen vielleicht auf das baldige Ende der Kampfhandlungen. Ein junger Bursche springt voller Freude auf und schwenkt seine graue Mütze. Just in dem Moment, als der LKW unter einem schweren Holzgerüst durchfährt, das zur Höhenkontrolle errichtet worden war, um die mögliche Durchfahrtshöhe bei nachfolgenden Hindernissen anzuzeigen. Der junge Soldat kracht mit seinem Kopf mit voller Wucht gegen den massiven Querbalken. Der Schlag ist bis zu uns her deutlich vernehmbar. Er sinkt zwischen seine Kameraden. Er wird die schwere Verletzung wohl kaum überlebt haben. Die Kolonne fährt weiter. Die Umstehenden, die dieses traurige Unglück miterlebt haben, sind erschüttert und tief betroffen. Verflogen ist die heitere Stimmung. Man geht bedrückt nach Hause.

Plünderer

29. April 1945

Vater und ich sind im Keller, um Holz und Kohlen in die Wohnung hochzutragen. Wir ertappen dabei einen Mann, der sich gerade anschickt, Vaters Fahrrad zu klauen und es durch das große Kellerfenster auf die Straße hinauszuzwängen. Da der Keller als Luftschutzraum dient, war das Fenster mit zwei schmalen, eisernen Läden gesichert worden. Im Notfall konnten Eingeschlossene gegebenenfalls hier ins Freie gelangen. Die beiden Metallflügel stehen weit offen. Die Verriegelung ist offensichtlich gewaltsam aufgebrochen worden. Der Plünderer hat das Rad bereits auf das breite Fenstersims gehoben und ist gerade dabei, auf die Theresienstraße hinauszuklettern. Papa bekommt das Hinterrad zu fassen. Beide Männer zerren mit aller Kraft an dem „Beutestück" und schreien aufeinander ein. Die zornig lauten Rufe des Einbrechers kann ich nicht verstehen. Er spricht nicht unsere Sprache. Jedenfalls gelingt es dem Fremden, aus dem Fenster auf die Straße zu springen und das Rad hinauszureißen. Aber Vater lässt nicht locker. Jetzt schlägt der Plünderer einen der eisernen Flügel mit aller Wucht hinter sich zu. Papa wird am Kopf getroffen und taumelt zurück. Er blutet heftig aus einer klaffenden Wunde an der Stirn. Der Mann entkommt.

Vielleicht handelte es sich um einen der bedauernswerten russischen oder polnischen Kriegsgefangenen, denen es im Chaos dieser Tage kurz vor dem offiziellen Kriegsende geglückt war, ihren gewissenlosen Schergen zu entkommen. Da war ein Rad natürlich besonders wertvoll, um bei dem überall herrschenden Durcheinander möglichst rasch das verhasste Land unerkannt verlassen zu können. In diesen unruhigen Tagen gab es zahlreiche Plünderungen, wurden viele Räder gestohlen. Als Fortbewegungsmittel nahm das Fahrrad damals einen vergleichsweise hohen Stellenwert ein. Viele Menschen waren auf das Rad angewiesen, um zum Arbeitsplatz zu kommen oder um in ihrer Freizeit Ausflüge zu unternehmen. Es war mehr oder weniger das einzige eigene Fortbewegungsmittel, über das der Durchschnittsbürger verfügen konnte. Es vermittelte ein Gefühl von Freiheit und Unabhängigkeit. Das klingt in unseren Tagen zwar etwas pathetisch, entspricht jedoch durchaus den damaligen Empfindungen. Nur ganz wenige besaßen um 1945 einen Führerschein, geschweige denn ein Motorrad oder gar ein Auto.

Gesprengte Brücken

Kurz vor dem unmittelbar bevorstehenden Einmarsch der amerikanischen Truppen, die sich unaufhaltsam von Westen aus Richtung Vilshofen und von Norden aus dem Bayerischen Wald unserer Stadt näherten, wurden nacheinander sämtliche Brücken über die drei Flüsse gesprengt. Für die Versorgung der Bevölkerung und die vielen verwandtschaftlichen Bindungen bedeutete das eine weitere Katastrophe. Viele Familien waren dadurch auseinandergerissen worden, Kontakte kaum mehr möglich. Nur in den wenigsten Häusern gab es Telefone, und das Fernamt, in dem die freundlichen Damen saßen und mit ihren Stöpseln in Friedenszeiten die gewünschten Verbindungen zusammenführten, hatte einen Treffer abbekommen. Telefonieren konnte man also auch nicht mehr. Die Ungewissheit über das Befinden der Großeltern, Tanten, Onkels und Cousins jenseits von Inn und Donau belastete auch unsere kleine Familie erheblich.

Kriegsende und die ersten Wochen danach

Passau wird eingenommen

Am 2. Mai 1945 beenden die Amerikanischen Einheiten den Artilleriebeschuss von Passau. Es regt sich kein nennenswerter Widerstand mehr. Damit endet auch für die Zivilbevölkerung der zermürbende Aufenthalt in den Luftschutzkellern. Die Bevölkerung atmet erleichtert auf, als endgültig feststeht, dass der Krieg, das Leiden und die Ängste ein Ende haben. In den vergangenen Tagen, als die Stadt unter andauerndem Beschuss lag, wurden die Kellerräume vorsichtshalber überhaupt nicht mehr verlassen. Soweit es die Umstände erlaubten, hatte man sich entsprechend eingerichtet. Nach der Einnahme Passaus durch die Amerikaner verlor auch unser Keller seine Funktion als Schutzraum. Unglaublich erleichtert kehrten nun die Hausbewohner mit ihren Habseligkeiten in die Wohnungen zurück.

Die Stimmung unter den Erwachsenen war jedoch keineswegs so freudig oder gar euphorisch, wie man aufgrund der veränderten Umstände hätte annehmen können. Zu groß war die Furcht vor den Unwägbarkeiten, die mit der Besatzungsmacht in unserer Stadt Einzug hielt. Schließlich hatte die nationalsozialistische Propaganda permanent Lügenmärchen über den Feind verbreitet, hatte von Gräueltaten und Gewaltexzessen der gegnerischen Truppen berichtet. Demzufolge schwankte auch die Stimmungslage meiner Eltern zwischen großer Erleichterung über das Ende des Wahnsinns und indifferenten Ängsten vor einer ungewissen Zukunft. Was würden die nächsten Tage bringen? Wie würden die Besatzer mit der Bevölkerung umgehen? Waren die Amerikaner wirklich so schlimm, wie es die Stimme aus dem Volksempfänger noch bis vor kurzem den Zuhörern zu vermitteln versuchte? Was die Erwachsenen in diesen Stunden umtrieb, konnten wir Kinder natürlich in keiner Weise nachvollziehen. Trotz aller Freude lag zunächst etwas Bedrückendes über den Großen. Das spürte man. Aber als Kind empfand man bei der Rückkehr in die Wohnungen, in die vertraute Umgebung und vor allem zu den arg vermissten Spielsachen, eigentlich nur unbekümmerte Freude. Endlich wieder im eigenen Bett schlafen dürfen und nicht mehr die buckligen Matratzen im Stockbett mit den anderen teilen müssen!

2. Mai 1945

Gegen Mittag wird die Ilzstadt von den amerikanischen Einheiten eingenommen, die mit ihren Panzern über die heutige B12 aus dem Bayerischen Wald vorgerückt waren. Die gesprengte Ilzbrücke bedeutet für sie kein besonderes Hindernis. Wenig später dringen die Amerikaner nach Hacklberg vor. Einige Stunden zuvor erreichen andere Einheiten, die von Westen herangerückt waren, die Bahnhofstraße und stehen bereits um die Mittagszeit auf dem Residenzplatz. Am frühen Abend ist Passau eingenommen. Die Ankunft der amerikanischen Truppen, ihren Einzug mit Panzern und vielen Militärfahrzeugen auf der Innstraße, die zwischen unserem Mietshaus und dem Fluss lag, konnten wir gut beobachten.

19 | *Amerikanische Panzer am Rindermarkt in Passau*

Es ist dämmrig. Ich stehe zwischen meinen Eltern am weit geöffneten Wohnzimmerfenster. Wir beobachten von oben aus dem dritten Stock den Einmarsch der Amerikaner. Ein Konvoi unterschiedlichster Militärfahrzeuge bewegt sich erstaunlich vorsichtig und langsam die Straße entlang in Richtung Marienbrücke. Vorneweg etliche Panzer. Ihre laut dröhnenden Motoren stoßen dicke, dunkle Abgaswolken aus. Die schweren Ketten rasseln über das Kopf-

*steinpflaster. Das behäbige, ständige Schwenken ihrer Geschützrohre faszi-
niert mich. Hinter diesen graugrünen Ungetümen folgen viele LKW in langer
Kolonne. Da wir das Geschehen quasi aus der Vogelperspektive beobachten,
fallen mir die riesigen, weißen Sterne besonders auf, die auf ihre langen Küh-
lerschnauzen gemalt sind. Der hohe Aufbau über den Ladeflächen ist mit
dunklen Planen abgedeckt. Dazwischen erkenne ich Fahrzeuge, auf denen Soldaten sitzen oder stehen. Sie tragen Stahlhelme auf dem Kopf und halten ihre
Gewehre in Anschlag. Ebenso, wie ihre Kameraden, die neben den Fahrzeugen
marschieren, mustern sie aufmerksam die Umgebung. Ab und zu blickt einer
von ihnen zu uns herauf und winkt. Ich winke zaghaft zurück. Das ist sozusagen mein erster Kontakt mit den Amerikanern. Sind die vielleicht gar nicht
so schlimm? Jetzt aber zieht eine ungewöhnliche Situation meine ungeteilte
Aufmerksamkeit auf sich. Unsere Vermieter, Herr und Frau Z., waren auf ihre
schmale Terrasse getreten, die ihrer Wohnung im ersten Stock zur Innstraße
hin vorgelagert ist. Die beiden stehen an der Balustrade und beobachten ebenfalls die einrückenden Truppen. Ihr Anblick beeindruckt mich. Unsere Haus-
leute kannte ich bisher nur als stets korrekt gekleidet. Herr Z. trug sogar an*

20 | Amerikanische Truppen auf der notdürftig reparierten Maxbrücke in Passau

67

Werktagen Krawatte. Und jetzt dieser eigenartige Aufzug. Er trug einen ge-
streiften Schlafanzug und seine Frau ein langes, weißes Nachthemd, über das
sie ein helles Jäckchen gezogen hatte. Jedenfalls fand ich den geradezu gespenstisch wirkenden Anblick unserer Vermieter, ob ihrer eigenartigen Kleidung,
ungleich faszinierender als die vorbeiziehenden Truppen.

Schlafanzug und Nachtgewand blieben als detailreich ausgeformte Bilder in meiner Erinnerungsgalerie. Kinder setzen im Vergleich zu den Erwachsenen eben ganz andere Prioritäten bei ihren Beobachtungen.

Probleme mit der Munition

Am frühen Morgen des nächsten Tages mussten die noch vorhandenen
Waffen abgegeben werden. Die Aufrufe dazu, die laut durch die Gassen
hallten, ließen keine Zweifel daran aufkommen, dass ein Verstecken von
Munition und Waffen eine strenge Bestrafung und den Abtransport in eines der Gefangenenlager nach sich ziehen würde. Mutter war an jenem
Morgen mit mir alleine zuhause. Papa war nicht da. Sämtliche Männer hatten sich nämlich an ihren bisherigen Arbeitsplätzen beziehungsweise
Dienststellen einzufinden. Sie wurden in den folgenden Tagen von der
amerikanischen Militärverwaltung erfasst und für die verschiedensten
Arbeiten eingeteilt. Vater wurde zusammen mit vielen anderen Eisenbah-
nern zu den dringend notwendigen Aufräum- und Reparaturarbeiten an
den weitgehend zerstörten Gleisanlagen abgestellt.

Mama und ich sind in der Küche, als jemand heftig an die Eingangstür zu
unserer Wohnung klopft. Sie hält mich fest an der Hand, als sie zögerlich öff-
net. Draußen steht ein amerikanischer Soldat, das Gewehr auf uns gerichtet,
den Stahlhelm etwas schräg auf dem Kopf. Er sagt etwas in scharfem Ton, in
einer fremden Sprache. Darauf geht Mutter zu meinem Bett, auf dem ein Säck-
chen liegt, das sie ihm aushändigt. Auf dem hellen Stoff steht in schwarzen
Großbuchstaben das Wort M U N I T I O N . Der junge Amerikaner nimmt das
Säckchen entgegen und verlässt unsere Wohnung. Aber schon nach kurzer Zeit
kommt er wieder und gibt Mutter mit einem breiten Grinsen das ominöse Lei-
nensäckchen zurück. Darin waren nämlich nur die hölzernen Miniaturge-
schosse, die zu meiner Spielzeugkanone gehörten.

Derlei Art Munition fiel wohl nicht unter die Abgabepflicht. Mir drückte
der freundliche junge Mann zwei orangefarbene, in durchsichtiges Cello-

phan gewickelte Bonbons in die Hand. Die aber schmeckten dermaßen scheußlich, dass ich spontan von einem weiteren Lutschen Abstand nahm.

Spannende Tage

Auf dem kleinen freien Platz gegenüber dem Promenade-Kino, unserem Nachbarhaus, dort wo sich heute die Gedenkstätte für die Opfer des Naziregimes befindet, wurden die eingesammelten Waffen zusammengetragen. Nach Mutters Erzählungen war ich an diesen Tagen kaum vom Fenster wegzubringen. Zu interessant waren die Begebenheiten, die sich in unserer unmittelbaren Umgebung abspielten.

Interessiert beobachte ich das rege Treiben unter unserem Fenster. Es ist allerhand los. Ich sehe Männer und Frauen, die dort unten Gewehre und Pistolen abgeben. Diese werden darauf von amerikanischen Soldaten in hohem Bogen auf einen ständig größer werdenden Berg von Waffen geschleudert. Über den ganzen Tag zieht sich diese Sammelaktion hin. Gegen Abend wird es dann erst richtig spannend. Ein schwerer Panzer rückt an und beginnt unter lautem Getöse über den Waffenhügel zu fahren. Das dumpfe an- und abschwellende Brummen des Motors und das klirrende Rattern seiner Ketten werden begleitet vom Splittern und Knacken der berstenden Gewehre. Durch das Vor und Zurück sowie die Wendemanöver des massigen Ungetüms werden die abgegebenen Waffen zerstört, zermalmt und endgültig vernichtet. Tags darauf ist der Platz zwischen den alten Kastanien wieder geräumt und planiert.

Bereits am frühen Morgen eines der nächsten Tage beginnen mehrere Panzer, mit vorgesetzten Planierschilden Alleebäume entlang der Innpromenade zu fällen. Sie werfen die alten Platanen und Kastanien mit ihren riesigen Räumschilden reihenweise um. Ich sehe die mächtigen Bäume mit ihrer grau gefleckten Rinde unter lautem Krachen stürzen. Einerseits zieht mich das unerhörte Geschehen in seinen Bann, andrerseits empfinde ich es als bedrückend und bedauerlich, dass die Bäume jetzt weg sind. Unter ihren Schatten spendenden, dichten Blätterdächern hielten wir uns an heißen Sommertagen gerne auf. Ein idealer Spielplatz war verloren gegangen. Für mich ein großer Verlust. Das macht mich traurig. Ich nehme mir vor, die Amerikaner nicht zu mögen!

Die Pontonbrücke – ein schwimmender Behelf

Ein Stück flussaufwärts, in direkter Verlängerung der Heiligen-Geist-Gasse, widerfuhr den Kastanien entlang des Ufers das gleiche Schicksal. Denn hier musste Platz gemacht werden für eine Auffahrtsrampe, die das Befahren einer Pontonbrücke ermöglichen sollte. Am gegenüber liegenden Flussufer wurden ähnliche Erdarbeiten durchgeführt von amerikanischen Truppen, die in die Innstadt eingerückt waren. Pioniereinheiten mit schwerem Gerät waren an beiden Ufern im Einsatz. Sie lieferten auch die großen Boote an, die man hier herüben bei uns zu Wasser ließ. Gleichsam in der Funktion von Brückenpfeilern wurden diese Schiffe mit ihren starken Motoren Stück für Stück in den schnell fließenden Inn eingeschwommen und sofort von Spezialkräften mit langen, schweren Metallplatten untereinander verschraubt, sobald sie die richtige Position eingenommen hatten. Die größte Schwierigkeit bei diesem spannenden Manöver bestand zweifellos darin, die Pontonschiffe an die richtige Stelle zu bugsieren und sie dort so lange in einem gleichmäßigen Abstand von etwa fünf Metern gegen den schnell fließenden Strom zu halten, bis die Brückenplatten montiert waren. Diese überspannten dann sowohl den Raum zwischen den Booten, als auch die Schiffe selbst. So ergab sich allmählich eine mehrere Meter breite, geschlossene Fahrbahn über den Inn. Es entstand eine schwimmende Brücke. Faszinierend war, wie zügig die Arbeiten vorangingen. Bei diesen offensichtlich eingespielten Spezialkräften saß jeder Griff. Laute Befehle und Zurufe hallten über das Wasser. Eine rasch anwachsende Zahl interessierter Zuschauer hatte sich im Laufe der Zeit eingefunden. Wir waren auch darunter.

Als die gegenüberliegende Seite erreicht ist und die ufernahen Boote mit starken Trossen vertäut sind, werden die Motoren der „Brückenschiffe" abgeschaltet. Zunächst dürfen ausschließlich die amerikanischen Einheiten mit ihren Fahrzeugen die Notbrücke überqueren. Aber bereits einige Zeit später wird auf Drängen der Bevölkerung auch Zivilpersonen gestattet, über die Pontonbrücke an das andere Ufer zu gelangen.

Papas Vater, seine Schwestern und mein Cousin wohnten in der Lederergasse. Seit der Sprengung der Marienbrücke war zu ihnen jeglicher Kontakt abgebrochen. Wie hatten die da drüben den heftigen Beschuss in den letzten Kriegstagen überstanden? Die Ungewissheit war beunruhigend. Als durchsickerte, dass es erlaubt worden war, den Inn auf eigene Verantwortung über die Behelfsbrücke zu überqueren, machte sich Vater umgehend auf den Weg. Er nahm mich mit. Es war abenteuerlich.

Wir stehen zusammen mit vielen Menschen am Innufer und warten an einer ziemlich steil abfallenden Rampe. Über die gefährlich schwankende Pontonbrücke nähern sich unserem Ufer in langsamem Schritttempo und in weiten Abständen jede Menge Militärfahrzeuge, kleine Jeeps, riesige Lkw und Sanitätsfahrzeuge. Als das letzte Fahrzeug der Kolonne bei uns herüben angekommen ist, und es nur noch sporadischem Gegenverkehr auszuweichen gilt, ruft ein Offizier etwas in die Menge, worauf die Wartenden in kleinen Trupps auf die Brücke gelassen werden. Die Amerikaner reden laut und scharf auf die Leute ein und geben militärisch knappe Anweisungen, wahrscheinlich wie man sich auf dem gefahrvollen Weg über die schwimmende Brücke verhalten sollte, auf was man achten musste. Verstehen kann sie wohl kaum jemand. Wer sprach damals schon Englisch. Aber die Gesten sind eindeutig. Endlich sind wir an der Reihe. Unsere kleine Gruppe macht sich auf den abenteuerlichen Weg. Die Aufregung steigt. Wir betreten die schwankenden Stahlplatten. Kein Geländer. Nichts, an dem man sich hätte festhalten können. Die Boote werden durch das kräftig fließende Wasser leicht bewegt. Dadurch schaukelt auch die Fahrbahn. Je näher wir der Flussmitte kommen, umso stärker wird das Schwanken und Vibrieren. Papa führt mich mit fester Hand, denn wenn ich in den schnell dahinsausenden Inn blicke, fange ich an zu taumeln. Das unsichere Gehen ängstigt mich. Dieses Gefühl erfährt noch eine Steigerung, als uns ein hoch beladener LKW entgegenkommt. Er wirkt riesig auf mich, bedrohlich. Fast die gesamte Breite der Fahrbahnplatten nimmt er ein. Ganz langsam kommt er näher. Die Fußgänger müssen in die offenen Boote ausweichen. Auch Vater springt auf die Bodenplatte eines Pontonschiffes und hebt mich zu sich hinunter. Und dann zieht das schwankende, graugrüne Ungetüm gemächlich auf uns zu. Die großen Scheinwerfer und die riesigen Räder sind beeindruckend. Wegen seines Gewichts wird unser Boot beängstigend tief ins Wasser gedrückt. Es knarrt und ächzt vernehmbar unter der Last. Nur Papas beruhigende Worte vermögen meine Furcht zu mildern. Als schließlich das Fahrzeug weitergezogen ist, klettern wir wieder nach oben und setzen unseren Weg auf den ständig leicht schaukelnden Stahlplatten fort, bis wir endlich das „rettende" Ufer erreichen. Sowohl an den Besuch bei Großvater als auch an den Rück-

weg habe ich keine Erinnerung. Wenige Tage später wurde die schwimmende Behelfsbrücke für Zivilpersonen wieder gesperrt. Wahrscheinlich erschienen den Militärs die Gefahren zu groß. Es war zu mehreren Unfällen gekommen.

Außerdem konnte die Pontonbrücke ohnedies bald wieder rückgebaut werden, da amerikanische Pioniere nach der Einnahme der Stadt umgehend daran gingen, die gesprengten Brücken wenigstens soweit notdürftig instand zu setzen, dass ein Überqueren der Flüsse wieder einigermaßen möglich wurde. Dabei galt es, zunächst die ins Wasser gestürzten Brückenteile zu bergen. Sie behinderten die Arbeiten. Erst dann konnte man daran gehen, die fehlenden Elemente durch aus Holz gezimmerte Notkonstruktionen über die Lücken zu spannen.

Überfahrt in der Zille

In dieser Zeit übernahmen die Eigner von geeigneten Booten den Transport der Menschen über die Flüsse. So auch über den Inn. Vor allem waren es die Berufsfischer, deren Zillen mit kleinen Außenbordmotoren ausgerüstet waren. Sie pendelten mit ihren schmalen Booten zwischen dem Inn-

21 | *Wiederaufbau der Maxbrücke*

kai und den flachen Kiesbänken vor dem Innstadtufer hin und her und setzten gegen ein geringes Entgelt die Leute über. Der Andrang war groß und das Fassungsvermögen der schlanken Kähne recht gering. An einem dieser Tage wagte Mutter mit mir die Überfahrt. Wir sollten Feldfrüchte bei Großvater abholen, die er in seinem Garten nahe der Eisenbahnbrücke geerntet und im Keller überwintert hatte. Kartoffeln und allerhand Gemüse sollten unseren Rucksack füllen. Die Not war groß. Lebensmittel waren kaum zu bekommen.

An der Anlegestelle drängen sich bereits viele Menschen. Wir reihen uns ein und warten an der schräg ins Wasser führenden Steinrampe. Es ist empfindlich kalt. Den typischen, frischen Geruch des Innwassers habe ich heute noch in der Nase. Endlich sind wir an der Reihe. Eine Zille legt an. Sie gleitet mit ihrem hölzernen Rumpf langsam auf die Rampe. Ein Mann springt heraus und hält das Boot an einer Kette fest, während ein paar Leute aus dem Kahn klettern. Wir steigen ein. Mutter setzt sich auf das schmale Brett entlang der niederen Bordwand und nimmt mich auf ihren Schoß. Die Menschen drängen ungestüm ins Boot und beschimpfen sich gegenseitig. Es wird laut. Schließlich lässt der Bootsführer niemand mehr an Bord. Eben will er die Zille vom Ufer wegschieben, als zwei Männer mit Fahrrädern ankommen und unbedingt noch auf das Boot wollen. Unser „Kapitän" weist sie mit harschen Worten ab. Er schreit ihnen zu, der Kahn drohe unterzugehen, wenn er noch weitere Personen aufnähme. Das kümmert die beiden jedoch in keiner Weise. Sie stoßen ihre Räder rücksichtslos zwischen die dicht gedrängt Sitzenden und steigen in das Boot. Die Leute schimpfen. Es gibt einen regelrechten Tumult. Doch es wird schlagartig ruhig, als die beiden Fremden in einer mir unverständlichen Sprache zu schreien und Bootsführer wie Fahrgäste zu bedrohen beginnen. Das überfüllte Schiffchen legt schließlich ab. Ich sehe, dass die Bordwand nur geringfügig über die Wasseroberfläche ragt. Jeden Moment könnte eine Welle darüberschwappen. Angst erfasst die Passagiere, von denen unser „Kapitän" mit markigen Worten absolutes Stillsitzen einfordert. Niemand wagt es, sich zu bewegen, während wir uns der Flussmitte nähern. Hier lauert die größte Gefahr. Hier ist die Fließgeschwindigkeit am größten. Jede Welle könnte uns zum Verhängnis werden. Die Anspannung ist deutlich spürbar. Wir kommen nur langsam voran. Dem Geschick und Können unseres Zillenlenkers, einem Berufsfischer, der mit den Tücken der drei Flüsse vertraut ist, haben wir es zu verdanken, dass nach einer gefühlten halben Ewigkeit unser Kahn gemächlich auf die Kiesbank am anderen Ufer gleitet. Gerettet!

Später, als ich die Zusammenhänge begreifen konnte, löste Mutter das Rätsel um die beiden Männer mit den Rädern. Der Sprache nach zu schließen handelte es sich dabei wahrscheinlich um polnische oder tschechische Staatsangehörige. Vielleicht waren es so arme Kerle, die von den Amerikanern aus einem der Nazilager befreit worden waren. Sie hatten großes Unrecht erlitten und viel durchgemacht. Letztlich hatten sie jetzt nur ein Ziel: Sie wollten so schnell wie möglich zurück in ihre Heimat. Viele von ihnen irrten zunächst eher planlos umher. Sie waren nun endlich frei, waren ihren Peinigern glücklich entkommen und forderten nun die Rechte ein, die ihnen die Nationalsozialisten genommen hatten. Wahrscheinlich hassten sie alle Deutschen. Verständlich, wenn man bedenkt, wie schlimm es den meisten von ihnen ergangen war. Jetzt nach der Kapitulation standen sie unter dem besonderen Schutz der amerikanischen Militärregierung. Niemand wagte es, ihnen entgegenzutreten, sie anzufeinden. Vielleicht fühlten sie sich jetzt als die Herren. Rollentausch.

Plünderungen – Folge großer Not

Bereits wenige Tage nach ihrem Einmarsch versuchten die offiziellen Militärs der amerikanischen Besatzungsmacht, die chaotischen Zustände möglichst rasch zu beenden und wieder einigermaßen Ordnung zu schaffen. Die bisherigen Verwaltungsstrukturen wurden überprüft, Personen mit einer eindeutigen NS-Vergangenheit verschwanden zumindest vorübergehend von der Bildfläche. Ansonsten wurde versucht, vorhandene Strukturen zu nutzen und die bisherige Verwaltung weitestgehend wieder zu etablieren, um möglichst rasch zu einigermaßen normalen Lebensbedingungen für die größtenteils arg verunsicherte Bevölkerung zurückzukehren. Vater wurde bereits nach kurzer Zeit von den Amerikanern zum Bahnmeister von Passau bestellt und sollte mit seinen Leuten zügig dafür sorgen, dass der Zugverkehr wenigstens behelfsmäßig wieder aufgenommen werden konnte. Dazu musste er sich zu allererst über den Umfang der Schäden informieren. Auf einen dieser Erkundungsgänge nahm mich Vater mit.

oben 22 | *Bahnhofsgelände nach der Bombardierung mit den zerstörten Güterhallen, dem schwer beschädigten späteren Bahnmeistereigebäude (vorne links), dem sogenannten „Schreinerhaus" und dem noch bestehenden Gebäude für die Güterabfertigung*

unten 23 | *Zerstörte Haizingerbrücke über die Gleisanlagen mit Blick zum Winterhafen*

Das Eisenbahngelände westlich des Bahnhofs war wiederholt heftig bombardiert worden. Ein Großteil der Güterhallen liegt in Trümmern. Wir klettern über Mauerreste und zerborstenes Gebälk, müssen tiefe Bombentrichter umrunden. Verbogene Metallteile, Schienen- und Schwellenstücke ragen aus dem Schutt. An einigen Aststümpfen eines zerschossenen Baumes hängen Stofffetzen, offensichtlich erbärmliche Reste von Kleidungsstücken. Ein langes Gleisstück, an dem noch die Holzschwellen hängen, ist durch die zerstörerische Kraft der Explosionen hochgehoben und dermaßen verdreht worden, dass das Gebilde einer überdimensionalen Wendeltreppe gleicht. Zwischendurch bleibt Papa immer wieder stehen und trägt irgendwelche Aufzeichnungen in ein kleines Notizbuch ein. Ein paar Skizzen sind auch darunter. Die beeindrucken mich ganz besonders. Vater kann prima zeichnen. Eine dieser schweren Lokomotiven liegt umgestürzt und schwer beschädigt neben umgekippten Waggons mit zerborstenen Seitenwänden. Es sieht grauenhaft aus. Erstaunlicherweise machen sich zahlreiche Menschen in dem weitläufigen Trümmerfeld zu schaffen. Sie brechen einzelne Wägen auf, bergen eilends deren Ladung und machen sich damit dann rasch davon. Sie plündern, suchen vor allem nach Essbarem. Sogar das Heizmaterial für die Lokomotiven wird aus den Kohlebunkern geklaut. Eine dichte Staubwolke nach sich ziehend, kommen plötzlich etliche amerikanische Jeeps angebraust und bleiben abrupt am Rand des Trümmerfeldes stehen. Soldaten mit Gewehren springen heraus, geben Warnschüsse ab und schreien die Menschen in einer mir unverständlichen Sprache an. Sie vertreiben die Plünderer, die alles liegen und stehen lassen und wegrennen. Vater bleibt mit erhobenen Händen stehen. Ich habe schreckliche Angst und drücke mich an ihn. Mit dem Gewehr im Anschlag nähern sich zwei Uniformierte. Sie tragen Stahlhelme, blicken grimmig drein und sprechen Papa scharf an. Ich verstehe kein Wort. Vater zieht aus seiner Manteltasche ein gefaltetes Stück Papier und zeigt es den beiden Soldaten. Die scheinen daraufhin beruhigt und senken ihre Gewehre. Ihre Minen lockern sich auf. Sie klettern über das Trümmerfeld zurück zu ihren Fahrzeugen.

Plünderung war streng verboten und wurde hart bestraft. Trotz dieses strikten Verbotes und der großen Gefahr, ertappt zu werden, versuchten immer wieder Wagemutige, in die versperrten Waggons einzudringen, die bei Kriegsende hier irgendwo in den Ladehöfen liegen geblieben waren, scheinbar herrenlos immer noch auf den Rangiergleisen standen oder umgekippt da lagen. Vor allem nachts wurde das weitläufige Bahngelände unmittelbar nach Kriegsende kaum bewacht. Zudem waren auch die Beleuchtungsanlagen komplett zerstört. Was sich in den einzelnen Wägen befand, wusste niemand. Ständig wurden im Schutz der Dunkelheit Waggons aus durchaus unterschiedlichen Gründen aufgebrochen und geplündert. Sicher waren darunter auch Leute, die sich lediglich bereichern wollten. Das vordringliche Interesse galt jedoch den in den Güterwägen vermuteten Lebensmitteln. Die Menschen litten Hunger. Aber auch andere Objekte wurden entwendet, wenn sie sich zum Tausch gegen Nahrungsmittel eigneten. Wenn dann in einem Waggon irgend so ein „Schatz" entdeckt wurde, so sprach sich das in Windeseile herum. So hatte beispielsweise irgendjemand auf den Abstellgleisen des Winterhafens in Passau-Auerbach etliche Waggons „entdeckt", die mit Zucker beladen waren. Innerhalb weniger Stunden waren diese leer geräumt. Die Bewohner der umliegenden Häuser und Siedlungen rückten nach Einbruch der Dunkelheit mit Eimern, Töpfen, Kannen und Leiterwagen an und bedienten sich verbotenerweise. Die Hungersnot trieb die Menschen zu derlei illegalem Tun.

Auch Vater riskierte sehr viel, als er mit einem seiner ehemaligen Kriegskameraden einem bereits aufgebrochenen Waggon einen illegalen Besuch abstattete. Der sei, so wurde ihm zugetragen, voll beladen mit Kisten, die Fett in Dosen enthielten. Fett in jedweder Form war in diesen schwierigen Zeiten kaum zu bekommen. Und in diesem gravierenden Mangel muss wohl die Triebfeder gesehen werden, dass sich die beiden Männer eines Nachts zu dem risikoreichen „Fetterwerb" entschlossen. Sie waren tatsächlich erfolgreich und blieben unentdeckt. Jeder schleppte im Schutz der Dunkelheit auf Schleichwegen eines der schweren, unbeschrifteten Holzkistchen nachhause. Die Freude über den Beutezug wich jedoch nach dem Öffnen der Verpackung schnell tiefer Enttäuschung. Der Inhalt bestand ausschließlich aus nagelneuen Stoppuhren. Was sollte man mit weit über hundert Stück Stoppuhren anfangen? Wer brauchte in dieser Zeit schon Stoppuhren! Als Tauschobjekte waren sie nur sehr beschränkt geeignet. Eine davon hat Vater, sozusagen als Erinnerungsstück, aufbewahrt. Sie ist heute noch in Familienbesitz. Welchen Weg die übrigen Uhren gingen, entzieht sich meiner Kenntnis. Derlei unfreiwillige Fehlerwerbungen gab es öfter. Ursache dafür war häufig die Finsternis. Man konnte weder die Objekte der Begierde selbst noch eine eventuell darauf befindliche, erklärende Beschriftung in stockfinsterer Nacht erkennen. Es blieb letztlich nichts anderes übrig, als sich auf seinen Tastsinn zu verlassen. Dazu kam die große Eile, in der der Besitzwechsel vollzogen werden musste. In der Familie meiner Frau trug sich eine ähnliche Verwechslung zu. In der Siedlung ging das Gerücht um, auf den Ladegleisen am nahen Bahnhof Auerbach stünde unter anderem ein Waggon mit Schreibmaschinen. Schreibmaschinen konnte man bestens gegen allerhand Lebensmittel eintauschen. Also machten sich zwei mutige Männer aus der Nachbarschaft nächtens mit einem großen Leiterwagen auf den Weg, um in den Besitz möglichst vieler dieser wertvollen, potentiellen Tauschobjekte zu gelangen. Am Ziel angekommen, mussten sie sich eben auf ihren Tastsinn verlassen, um die richtige Ware mit nachhause zu bringen. Die Formen, die ihre Hände im finsteren Eisenbahnwagen erfassten, sprachen eindeutig für die schützenden Deckel über den Maschinen. Möglichst geräuschlos stapelten sie in aller Eile ihren Handwagen voll mit dem vermeintlich wertvollen Beutegut und zogen diesen dann mühsam den Berg hoch. Bei Licht, zuhause, zeigte sich dann der bedauerliche Irrtum. Statt der erhofften Schreibmaschinen waren in den eigenartig geformten Kisten Ziehharmonikas verborgen. Die Form der Verpackung hatte ihren Tastsinn genarrt. Nachdem sich die Nachfrage nach derlei Musikinstrumenten damals in Grenzen hielt, verteilten die beiden ihre Beutestücke in den Nachbarhäusern. Die Familie meiner Frau wurde auch mit einer solchen Harmonika bedacht und hatte sie über viele Jahre in quasi „illegalem" Besitz.

Die GIs – unsere Besatzer

GI ist die Abkürzung für „government issue", wörtlich übersetzt meint es eigentlich allgemein „Regierungsausgaben", wurde aber während des Krieges speziell verwendet als Begriff für die „Ausrüstung der Truppen". Schnell bürgerte sich „GI" in der Umgangssprache als Sammelbegriff für die amerikanischen Soldaten ein.

Unmittelbar nachdem die Stadt eingenommen war, wurden viele Häuser von den Amerikanern besetzt. Zunächst von Kampftruppen, die an vorderster Front ihr Leben riskiert hatten und sich entsprechend kriegerisch und rau gaben. Die Bewohner bekamen eine kurze Frist gesetzt und mussten dann mit ein paar wenigen Habseligkeiten bepackt ihre Häuser und Wohnungen verlassen. Die meisten fanden Unterschlupf bei Verwandten oder Bekannten und Nachbarn. Wir hatten Glück und blieben von dieser Aktion verschont. Erst nach einigen Monaten stabilisierte sich die allgemeine Lage weitestgehend. Vor allem, weil die Kampftruppen zum Großteil abgezogen und durch kleinere, umgänglichere Einheiten ersetzt worden waren. Nun konnten auch viele der zwangsweise Ausquartierten wieder in ihre oftmals arg ramponierten Wohnungen zurückkehren. Lediglich die Villen etlicher, vormals gut situierter Passauer Bürger blieben vorerst beschlagnahmt. Hier hatten die Offiziere und die Militärverwaltung in schönster Wohnlage Quartier bezogen. Oftmals bekamen die rechtmäßigen Besitzer ihr Eigentum erst nach Jahren wieder zurück.

Bald schon gehörten die Amerikaner zum Stadtbild. Die anfängliche Furcht vor den Besatzern wich allmählich. Die Ängste schwanden zusehends. Angst hatten wir Kinder längere Zeit vor dunkelhäutigen Soldaten, vor den „Negern", wie sie meist genannt wurden. Heute ist dieser Begriff durchaus zurecht verpönt, damals war er üblich und in keiner Weise abwertend gemeint. Das Image der Schwarzen war durch die unsägliche, widersinnige Rassenlehre der Nationalsozialisten und ihre üble Propaganda systematisch beschädigt worden. Diese Vorurteile hielten sich geraume Zeit recht hartnäckig. Unvoreingenommen und neugierig, wie Kinder nun mal sind, suchten wir den Kontakt zu den Soldaten, auch zu den dunkelhäutigen. Zunächst beobachteten wir sie aus sicherer Distanz, sahen zu, wie sie sich diese harten, kleinen Lederbälle mit voller Kraft zuwarfen und mit überdimensional großen, dick gepolsterten Handschuhen mit einem lauten Klatschen wieder auffingen. Bald schon bezogen sie die größeren Buben in ihre Ballspiele mit ein. Die Scheu verflog zusehends.

Die GIs gaben sich gerne mit uns ab. Sie waren eigentlich immer freundlich und gut aufgelegt. Ab und zu bekamen wir von ihnen einen Kaugummi geschenkt. Die waren uns zwar absolut fremd, aber heiß begehrt. Es dauerte aber einige Kaugummis lang, bis wir mitbekamen, dass man den Kaugummi ausspucken muss, wenn er keinen Geschmack mehr abgibt. Bis dahin hatten wir sie alle geschluckt.

Manche steckten uns Schokolade zu, die wir trotz ausdrücklichen Verbots der Eltern genüsslich langsam im Mund zergehen ließen. Schokolade war uns eigentlich auch fremd. Sie hatte es in den letzten Jahren kaum mehr gegeben. Als Manko empfand man das aber keineswegs. Wie auch! Wenn man etwas nicht kennt, kann man es auch nicht vermissen. Ganz im Gegensatz zu unseren Eltern, denen derlei Leckereien aus Friedenszeiten noch wohl bekannt waren. So war das damals, wir Kinder waren gar nicht in der Lage, die so genannte „schlechte Zeit" als schlecht zu empfinden, weil uns der Vergleich fehlte. Wir kannten es eben nicht anders. Und somit wurde jede Süßigkeit, jedes Stück Schokolade für uns zu einer bisher unbekannten, angenehmen Erfahrung. Damals beschloss ich für mich, die Amerikaner nun doch zu mögen.

Ein absoluter Luxusartikel in der unmittelbaren Nachkriegszeit war Tabak, waren Zigaretten. Sie gehörten zu den begehrtesten Tauschobjekten. Sie wurden zu einer Art Währung. Gegen Zigaretten konnte man so ziemlich alles eintauschen. Deshalb sammelten wir Buben die Zigarettenkippen auf, die von den GI-s weggeworfen wurden. Die Soldaten rauchten eigentlich alle. Viele zogen nur ein paar Mal an ihren Glimmstängeln und schnippten diese dann in hohem Bogen auf die Straße. Das waren hoch begehrte Objekte. Wir balgten uns oft darum. Das wiederum schien den Amis zu gefallen. Sie lachten über unsere Sammelaktionen und machten sich einen Spaß daraus, uns bei der Jagd nach den Kippen zu beobachten. Nachdem die schützende Hülle aus dünnem Papier entfernt war, wurden die Tabakreste in kleinen Dosen und Schachteln gesammelt. Wir Kleinen mussten dann die Beute bei den älteren Buben abliefern. Dafür bekamen wir, je nach abgegebener Menge, ein paar Süßigkeiten und anerkennende Worte. Der tatsächliche Wert des fein geschnittenen Tabaks war natürlich ungleich höher. Das kapierten wir damals natürlich nicht. Außerdem waren uns das Lob unserer „Anführer" und die paar Rippchen Schokolade wichtiger als alles andere. Allmählich kam es durch diese Aktionen zu Gruppenbildungen, zu Clans, die „Maffia-ähnliche" Züge annahmen. Kippenmaffia.

Tauschgeschäfte waren an der Tagesordnung und wurden oft auf offener Straße oder an besonderen, mittlerweile bekannten Plätzen durchgeführt. Obwohl verboten, blühte der Schwarzmarkt. Wir hatten zuhause einen erstaunlich großen Vorrat an unbelichteten Filmen. Die waren, warum auch immer, bei den Amerikanern heiß begehrt. Mutter tauschte ab und zu welche gegen Lebensmittel ein. Ihre „Anlaufstelle" war der Gasthof „Weißer Hase". Hier waren vor allem Offiziere und höhere Mannschaftsdienstgrade untergebracht. Als potentielle Ansprechpartner für Tauschgeschäfte kamen auf der anderen Seite in erster Linie die Köche, sozusagen als die Herren über die amerikanischen Lebensmittelvorräte, in Betracht. Also bot man seine „Ware" am ebenerdig gelegenen Fenster der Gasthofküche zum Tausch an. Ich erinnere mich, dass nach Mamas Klopfen hin das Küchenfenster aufging und ein ziemlich beleibter Koch mit weißer Mütze unsere Filme entgegennahm. Im Gegenzug erhielt Mutter eine Dose Erdnussbutter, die für meine Begriffe abscheulich schmeckte.

Die amerikanischen Besatzer unternahmen viel, um das Vertrauen der Bevölkerung zu gewinnen und Vorurteile abzubauen. So engagierte sich die Militärverwaltung zunehmend im sozialen Bereich. Gerne erinnere ich mich in diesem Zusammenhang an die Weihnachtsfeiern, die über einige Jahre hinweg im Advent von den Amerikanern in der, leider vor einigen Jahren abgerissenen, Nibelungenhalle veranstaltet wurden. Geladen waren hierzu in erster Linie die Kinder. Sie durften von ihren Eltern begleitet werden. Theater, Musik und Tanzeinlagen umrahmten eine Art Bescherung, bei der jedes Kind von einem rot gewandeten Weihnachtsmann mit

24 | *Nibelungenhalle in Passau*

langem weißem Bart ein Päckchen mit allerlei Süßigkeiten überreicht bekam. Das Image der GIs gewann in der Öffentlichkeit permanent. Bei mir auch. Ich nahm mir vor, die Amerikaner endgültig zu mögen.

Flüchtlinge und Vertriebene

Auch in unserer Stadt waren durch die Bombenangriffe neben zahlreichen Geschäften, Werkstätten und kleinen Fabrikanlagen eine ganze Menge Wohngebäude zerstört worden. Sie lagen in Schutt und Asche. Die meisten Betroffenen fanden zunächst überwiegend bei Verwandten oder Bekannten Aufnahme. Die Verwaltung der Stadt, die wieder einigermaßen zu funktionieren begann, wies die übrigen Ausgebombten in zumutbarem Umfang den Familien zu, die über reichlich Wohnraum verfügten. Man rückte gezwungenermaßen zusammen. Allenthalben wurde es eng. Die Lage auf dem Wohnungsmarkt hatte sich durch die Beschlagnahme von Häusern und Wohnungen durch die Amerikaner überdies erheblich verschärft. Vor allem in den Städten war deshalb die Wohnraumsituation sehr angespannt. Und jetzt strömten kurz nach Kriegsende auch noch die vielen Heimatvertriebenen und Flüchtlinge über die Grenzen herein. Millionen dieser armen Menschen mussten ihre angestammte Heimat verlassen, das Elend einer unsäglichen Vertreibung erleiden, und waren vor den nachdrängenden feindlichen Truppen in die Gebiete des mittlerweile nicht mehr existierenden Deutschen Reiches geflohen.

Insbesondere die grenznahen Städte, aber auch die Märkte und Dörfer entlang der östlichen Landesgrenzen, die bisher von den Kriegsauswirkungen weitestgehend verschont geblieben waren, unterlagen nun einer strikt verordneten Wohnraumzwangsbewirtschaftung. In Austragshäuser, ungenutzte Dachböden und alte, leer stehende Scheunen wurden Flüchtlinge und Vertriebene einquartiert. Viele Familien mussten Zimmer räumen und ihre Wohnungen mit diesen geplagten Menschen teilen. So wurde auch die Somme-Kaserne, das ehemalige Nikolakloster und jetzige Universität, bis unters Dach mit mehreren hundert Flüchtlingen belegt. Die hatten in der Regel nur ganz wenige Habseligkeiten mitnehmen können. Mit der Ankunft in Passau, nach überstandener Vertreibung, waren Not und Elend jedoch beileibe noch nicht zu Ende. In ihrem neuen Umfeld waren sie meist überhaupt nicht willkommen. Ihre Anwesenheit wurde häufig als weitere große

Belastung in ohnedies schwerer Zeit empfunden. Und das ließ man sie allenthalben deutlich spüren. Besonders schwer hatten es anfangs die Flüchtlingskinder. Sie wurden von den gleichaltrigen „Eingeborenen" häufig ausgegrenzt und wegen ihres fremdartigen Dialekts oftmals gehänselt und verspottet. Kinder können unglaublich grausam sein. Aber diese anfängliche Abneigung legte sich, zumindest bei den Kindern, sehr schnell. Bald waren sie gut integriert. Bei den Erwachsenen dauerte das meist viel länger.

Mit das größte Problem in diesen turbulenten Wochen und Monaten war die Versorgung der nun zahlenmäßig erheblich angewachsenen Bevölkerung mit Lebensmitteln. Die Not war unglaublich groß. Es mangelte an allem. An dieser Stelle sollen die sozialen Anstrengungen und Leistungen der amerikanischen Militärverwaltung hervorgehoben werden. Sie war bemüht, die hungernde Bevölkerung, vor allem die vielen Flüchtlinge, denen es besonders schlecht ging, mit Essen zu versorgen. An einigen Standorten in der Stadt hatten sie Feldküchen postiert, die warme Mahlzeiten an die vielen Bedürftigen ausgaben.

Auch das Rote Kreuz begann seine Strukturen zu reaktivieren beziehungsweise neu aufzubauen. Vor allem wurden provisorische Sammelstellen für Kleidung, Möbel, Geschirr und Hausrat aller Art eröffnet. Die Bürger konnten hier Sachspenden abgeben, Dinge für das tägliche Leben, die man entbehren konnte und den leidgeprüften Neuankömmlingen zukommen lassen wollte.

Der neu eingerichtete Suchdienst des Roten Kreuzes konnte den täglichen Ansturm kaum bewältigen. Zahllose Anfragen galt es zu bearbeiten. Erschreckend viele Männer hatten bei den Kämpfen das Leben verloren oder waren in Gefangenschaft geraten. Verzweifelte Angehörige versuchten nun auf diesem Weg Klarheit zu erlangen über das Schicksal ihrer vermissten Männer, Brüder, Väter. Zahllose Familien waren auf der Flucht getrennt worden und wollten nun so schnell wie möglich den Verbleib ihrer Angehörigen in Erfahrung bringen. Als nach einiger Zeit der Zugverkehr wieder anlief, trafen am Hauptbahnhof in Abständen Züge mit Heimkehrern ein. Da gingen dann immer aus vielerlei Gründen die Emotionen hoch. Die einen waren überglücklich, dass sie ihre Liebsten wieder in die Arme schließen konnten, andere waren zutiefst deprimiert, wenn sie wieder einmal vergebens gewartet hatten.

War der Verlust der Heimat schon eine leidvolle Erfahrung, so war der Verlust eines Angehörigen, eines Elternteils oder gar beider Eltern ungleich schlimmer. Schätzungen gehen davon aus, dass es nach dem Krieg etwa 500.000 Vollwaisen und 20 Millionen Halbwaisen gab. Etwa ein Viertel aller Kriegskinder wuchs ohne Vater auf. Als ich die erste Klasse der Nikolaschule besuchte, waren von uns fünfzig Schülern immerhin sieben Buben Halbwaisen. Das Wohl und Wehe der Familien hing dann einzig und allein an den Witwen. Sie mussten zur Arbeit gehen, für das Auskommen ihrer Familie sorgen und obendrein auch noch die Kinder erziehen. Sie lebten letztlich nur noch für ihre Kinder. Von einem meist kurzen Eheglück blieb lediglich die Erinnerung. Aber für Trauer blieb keine Zeit. Die Leistung dieser Frauen und Mütter ist nicht hoch genug einzuschätzen. Ihr aufopfernder Einsatz wird nach wie vor viel zu wenig gewürdigt.

Das große Aufräumen

Es dauerte einige Wochen, bis allmählich wieder vage Anzeichen von Ordnung erkennbar wurden, bis das tägliche Leben wieder einigermaßen Struktur bekam. Vorerst galt die ganze Kraft der Beseitigung von Kriegsschäden und dem Wiederaufbau. In diesem Zug wurden auch die größtenteils zerbombten Gebäude der Bahnmeisterei neu errichtet. Dazu gehörten auch ein Bürohaus und die darübergelegene Dienstwohnung, die unsere Familie nach deren Fertigstellung beziehen sollte. Die Umbaumaßnahmen zogen sich hin, weil es an den nötigen Baustoffen und Materialien mangelte. Schließlich wurde im ganzen Land wieder aufgebaut, wurde gemauert und gezimmert. Kalk war schwer zu bekommen. Ziegelsteine gewann man aus den Mauerresten der Ruinen. Große Gruppen von Männern und Frauen sah man in den Trümmerfeldern arbeiten. Sie klopften den alten Mörtel von den Ziegelsteinen und stapelten diese dann neben sich auf. Für so ziemlich alles, was damals repariert oder neu errichtet wurde, verwendete man die so gewonnenen „Secondhand-Baustoffe".

Im Frühsommer 1946 war es dann soweit. Wir verließen den Unteren Sand und zogen in die Bahnhofstraße. Der Umzug erfolgte mit einem von zwei behäbigen Kaltblütern gezogenen, so genannten Bruckwagen. Dessen Ladefläche war ziemlich breit, besonders lang und hatte keine Bordwände. Darauf befand sich unser gesamtes Umzugsgut. Möbel, Kisten und Schachteln standen da gestapelt, hoch aufgetürmt und mit Seilen festgezurrt. Und ich saß stolz mittendrin auf meinem gelb und rot lackierten Kinderstühlchen. Die Eltern gingen neben her. Ich genoss die gemächliche Fahrt. Verkehr gab es kaum. Ab und an fuhren amerikanische Militärfahrzeuge durch die Straßen. Die zivilen Motorfahrzeuge, die es vormals gab, waren entweder im Krieg zerstört oder später beschlagnahmt worden.

Alternative Energie – Holzvergaser

Das änderte sich nur ganz langsam, bis findige Mechaniker das eine oder andere abenteuerliche Vehikel tatsächlich wieder zum Laufen brachten. Es war die Zeit der Erfinder und Bastler. Die hatten jetzt Hochkonjunktur. Nachdem es vor allem an Treibstoff fehlte, besann man sich, gestützt auf physikalisch-chemisches Grundwissen, verschiedener alternativer Antriebsarten. So sah man gelegentlich die eigenartigsten Fahrzeuge über die holprigen Straßen dampfen und rattern. Fast ausschließlich angetrieben von einem brennbaren Gasgemisch, das beim Verschwelen von Holz entsteht. Holzvergaser nannte man solche Vehikel. Vor allem zum Betreiben von Lastkraftwagen bediente man sich dieser Technik. Denn die hatten auf der Ladefläche unmittelbar hinter dem Führerhaus den nötigen Platz für

25 | *Umgebautes Wehrmachtsfahrzeug*

die technischen Anlagen, die man zur Gewinnung des Gases brauchte. Dazu gehörte vor allem ein ausreichend großer Holzvorrat, der in Form von relativ kleinen Abschnitten in einer geräumigen Kiste lagerte. Daneben stand das Herzstück dieses technischen Wunderwerks. Ein eigenartiges Gebilde, das einem etwas zu groß geratenen Badeofen ähnelte, so wie sie früher üblich waren, um das Badewasser zu erwärmen. Der untere Teil bestand aus einem zylinderförmigen Ofen mit einer kleinen Tür zum Brennraum. Hier hinein wurden die Holzwürfel geschaufelt, die dann wegen der dicht schließenden Ofentür ohne Luftzufuhr verschwelten. Die dabei entstehenden, brennbaren Gase füllten dann den darübermontierten Druckkessel, von wo sie in der jeweils benötigten Menge über allerhand Leitungen dem entsprechend umgebauten Verbrennungsmotor zugeführt wurden. Allerdings war die Kraft dieser Motoren nicht sehr hoch. Entsprechend gering war die Geschwindigkeit der Fahrzeuge. Ließ die Motorleistung spürbar nach, musste nachgeheizt werden. Dann hielt der Fahrer an, kletterte auf die Ladefläche und schaufelte eine Portion Holzabschnitte in den Ofen. Nun hieß es einige Zeit zu warten. Wenn sich dann wieder ausreichend Gasdruck aufgebaut hatte und dem Motor genügend Treibstoff zugeführt wurde, konnte die recht beschauliche Fahrt fortgesetzt werden.

Im Sommer 1945 waren Mutter und ich zusammen mit einer Reihe anderer Fahrgäste mit einem solchen Vehikel unterwegs. Es war zu einer Art Bus ausgebaut worden. Allerdings hatte das Gefährt mit einem Omnibus nach heute üblichem Standard wenig Ähnlichkeit. Nur bei äußerst großzügiger Auslegung der Kriterien für Personenbeförderung konnte es den Ansprüchen bedingt genügen. Es handelte sich um einen ausgedienten LKW aus Wehrmachtsbeständen mit langer Kühlerschnauze und überdimensioniertem Führerhaus, das zwei Mann Besatzung reichlich Platz bot. Etwa die Hälfte der Ladefläche, die eine hohe Bordwand umgab, nahm eine voluminöse Holzvergaseranlage ein. Der andere Teil war mit einem Baracken ähnlichen Holzaufbau bestückt. Darin verbarg sich ein ausgesprochen spartanisch möblierter Fahrgastraum. An den fensterlosen Wänden waren umlaufend Bretter montiert, die den mutigen Reisenden als Sitzgelegenheit dienen sollten. Nur ein kleines Fenster hoch oben in der Mitte der Stirnwand erlaubte einen Blick nach vorne über Vergaserkessel und Führerhaus. Eine Türe in der Rückwand ermöglichte das Ein- und Aussteigen. Sobald die „Reisenden" über die mitgeführte „Treppenanlage" das Busgehäuse erklommen und darin verschwunden waren, wurde die Türe von außen verschlossen. Ein Öffnen von innen war nicht möglich. Eingesperrt! Vorsichtshalber! Somit konnte ein außerplanmäßiges Verlassen des Gefährts wegen eventuell spontanem Unwohlseins oder aus Gründen mangelnden Vertrauens in Maschine und Fahrzeuglenker ausgeschlossen werden.

Wir waren unterwegs nach Waldkirchen zu Mamas Tante und ihren Cousinen. Mutter machte sich Sorgen um die Verwandtschaft, zumal man gerüchteweise von der Zerstörung Waldkirchens gehört hatte. Züge konnten wegen der gesprengten Eisenbahnbrücke über die Donau sowie der umfangreichen Schäden an Gleisanlagen und Fuhrpark noch nicht verkehren. So blieb nichts anderes übrig, als sich diesem eigenartigen Bus anzuvertrauen. Außer dem eigenen Augenschein gab es so kurz nach dem Krieg keinerlei Möglichkeit der Kommunikation. Also nahm Mama die erste Möglichkeit wahr, um nach Waldkirchen zu gelangen.

Und immer war ich mit dabei. Eine Möglichkeit, mich während derlei Unternehmungen in jemandes Obhut zu geben, gab es aus vielerlei familiären Gründen nicht. So einen kleinen Kerl immer mitschleppen zu müssen, war für Mutter sicherlich oft nicht einfach. Zum einen verlangsamte es die Reisegeschwindigkeit erheblich und erhöhte zum andern nicht selten die Gefahren, die in den widrigen Umständen dieser unsicheren Zeiten schlummerten. Für mich dagegen war das alles kein Problem. Gefahren konnte ich in diesem Alter ohnedies noch nicht so recht einschätzen, die existierten für mich schlichtweg nicht. Ebenso wenig irgendwelche Zeitzwänge. Im Nachhinein betrachtet, habe ich das Empfinden, dass die Bindung zwischen Mutter und mir durch diese Abenteuerfahrten noch viel enger wurde. Die Erlebnisse, die ich dabei hatte und sicherlich ganz anders empfand als die Erwachsenen, haben meinen Erinnerungsschatz nachhaltig geprägt. So setzte sich auch diese erste „Busreise" mit ihrem Rütteln und Holpern im Gedächtnis fest. Die Bilder sind noch immer präsent.

Wieder einmal kommt unser Gefährt mit einem unsanften Ruck zum Stehen. Kurz bevor die Straße nach Waldkirchen hinauf anzusteigen beginnt, muss Holz nachgelegt werden, damit das Fahrzeug mit seiner Last die Steigung schafft. Eine junge Frau steht auf und blickt vorne durch das kleine Fenster, um festzustellen, wo wir uns eigentlich gerade befinden. Sie stößt einen Schrei

26 | *Kirche in Waldkirchen nach dem Beschuss durch amerikanische Truppen*

27 | *Waldkirchen nach dem Beschuss*

aus, worauf auch die übrigen Mitfahrenden an das kleine Guckloch drängen. Die Leute sind sehr erregt. Manche beginnen zu weinen, scheinen verzweifelt. Was bloß hat die Passagiere dermaßen in Aufregung versetzt? Es war der traurige Anblick, der sich ihnen bot. Mutter hat mich auf mein Drängen hin hochgehoben, damit ich auch einen Blick aus dem Fensterchen werfen kann. Ich sehe in der Ferne Ruinenreste über die Ringmauer ragen, und dem Kirchturm fehlt die markante, hoch aufragende Spitze.

Wenig später setzt sich unser Fahrzeug wieder in Bewegung. Oben im Ort angekommen, können es die Mitreisenden kaum erwarten, unsere unbequeme „Transportkiste" zu verlassen. Wir beide marschieren an Trümmern vorbei zur Färbergasse. Das Killesreiter-Haus, in dem unsere Verwandten wohnten, ist zum Teil ausgebrannt, einige Nachbarhäuser sind zerstört. Ruinen, wohin man sieht. Der gewohnte Anblick existiert nicht mehr. Es ist verwirrend, ich vermag mich nicht zu orientieren. Menschen arbeiten in den Ruinen. Tante und Cousinen haben den Beschuss einigermaßen heil überstanden. Sie haben in der weiteren Nachbarschaft Unterschlupf gefunden. Die Frauen weinen. Die gesamte Situation bleibt mir als ausgesprochen bedrückend in Erinnerung. Ich bin froh, als wir endlich wieder nachhause fahren. Elsa, die jüngste von Mamas Cousinen, fährt mit uns zurück nach Passau. Sie wohnt für einige Zeit bei Großmutter am Spitzberg in einer kleinen Kammer, bis der Wiederaufbau eine Rückkehr nach Waldkirchen zulässt.

1945–1948 die Nachkriegszeit

Entnazifizierung – eine heikle Prozedur

Die alliierten Siegermächte hatten in der Potsdamer Konferenz unter anderem allgemeine Leitlinien zur „politischen Säuberung" beschlossen, konnten sich jedoch nicht auf ein gemeinsames Verfahren einigen. In den einzelnen Besatzungszonen wurde die sogenannte Entnazifizierung mit unterschiedlicher Härte und nach verschiedenen Mustern durchgeführt. In einem ersten Schritt wurde die NSDAP mit all ihren Unterorganisationen verboten. Gleichzeitig wurden alle NS-Gesetze aufgehoben und sämtliche Spuren des „Dritten Reiches" verbannt. Entsprechende Straßenschilder, Denkmäler, Bücher, Uniformen und Orden verschwanden, wurden eingezogen und vernichtet. Die Amerikaner entnazifizierten in ihrer Zone, zu der auch Passau gehörte, sehr streng und konsequent. Die Mehrzahl der Deutschen hatte sich nun den Entnazifizierungsverfahren zu stellen, die zunächst die Alliierten und später deutsche Spruchkammern durchführten. Dabei mussten alle Erwachsenen von den Amerikanern erstellte Fragebögen mit exakt 131 Fragen zur eventuellen NS-Vergangenheit ausfüllen und dann abgeben. Danach wurden die gegebenenfalls Betroffenen in fünf Kategorien eingeteilt: Hauptschuldige, Belastete, Minderbelastete, Mitläufer und Entlastete. Die Verfahren nahmen sehr viel Zeit in Anspruch. Da sich viele Personen, die vorher im Staatsdienst oder in der Verwaltung tätig waren, der langwierigen Entnazifizierung zu unterziehen hatten und damit für öffentliche Ämter zunächst nicht zur Verfügung standen, verschleppte sich der geplante rasche Wiederaufbau einer funktionierenden Verwaltung erheblich. Als Konsequenz wurden die Verfahren beschleunigt. Durch die nun durchgeführten Schnellverfahren und schließlich abrupt beendete Entnazifizierung konnten in der späteren Bundesrepublik Deutschland nach 1949 viele tief in die NS-Vergangenheit verstrickte Mitläufer unbehelligt Karriere machen. Aufgrund von sogenannten „Persilscheinen", die ihnen gefälligkeitshalber von mutmaßlichen Opfern zur Vorlage bei den beurteilenden Kommissionen ausgestellt wurden, fanden sich diese Personen alsbald wieder an ihren alte Positionen in Politik, Verwaltung, Polizei und auch in der Justiz. Diese alten „Seilschaften" funktionierten noch erstaunlich lange Zeit nach dem Krieg.

28 | *rechts Entnazifizierungsschreiben*

MILITARY GOVERNMENT OF GERMANY
Fragebogen

WARNING: Read the entire Fragebogen carefully before you start to fill it out. The English language will prevail if discrepancies exist between it and the German translation. Answers must be typewritten or printed clearly in block letters. Every question must be answered precisely and conscientiously and no space is to be left blank. If a question is to be answered by either "yes" or "no", print the word "yes" or "no" in the appropriate space. If the question is inapplicable, so indicate by some appropriate word or phrase such as "none" or "not applicable". Add supplementary sheets if there is not enough space in the questionaire. Omissions or false or incomplete statements are offenses against Military Government and will result in prosecution and punishment.

WARNUNG : Vor Beantwortung ist der gesamte Fragebogen sorgfältig durchzulesen. In Zweifelsfällen ist die englische Fassung maßgebend. Die Antworten müssen mit der Schreibmaschine oder in klaren Blockbuchstaben geschrieben werden. Jede Frage ist genau und gewissenhaft zu beantworten und keine Frage darf unbeantwortet gelassen werden. Das Wort „ja" oder „nein" ist an der jeweilig vorgesehenen Stelle unbedingt einzusetzen. Falls die Frage durch „Ja" oder „Nein" nicht zu beantworten ist, so ist eine entsprechende Antwort, wie z. B. „keine" oder „nicht betreffend" zu geben. In Ermangelung von ausreichendem Platz in dem Fragebogen können Bogen angeheftet werden. Auslassungen, sowie falsche oder unvollständige Angaben stellen Vergehen gegen die Verordnungen der Militärregierung dar und werden dementsprechend geahndet.

A. PERSONAL / A. Persönliche Angaben

1. List position for which you are under consideration (include agency or firm). — 2. Name (Surname). (Fore_Names). — 3. Other ___ have used or by which you have been known. — 4. Date of birth. — 5. Place of birth. — 6. Height ___ of eyes. — 12. Scars, marks or deformities. — 11. Present address (C ___ numbers. — 13. Identity card type and 1 ___ and ___

Eidesstattliche Erklärung.

Wir Betriebsobmänner der Bahnmeisterei Passau 1 möchten zur politischen Beurteilung des techn. Reichsbahninspektors Rupert Berndl, Vorsteher der Bm Passau 1 folgende Angaben machen.

Uns Nichtparteigenossen war seit langem bekannt, daß Herr Berndl zu den Nazigegner zählt, die für uns immer ein offenes und warmes Herz haben. Jeder der zu ihm kam und in Not war, sei es mit Schwierigkeiten beim Ortsgruppenleiter oder sonstigen Pg's, dem half er mit Wort und Schrift bis zum Äußersten. Ein besonderes Augenmerk legte unser Dienstvorsteher auf die gute Behandlung der bei uns zur Arbeit eingesetzten russischen Arbeiter. Er unterstützte sie wo er nur konnte und nahm sie gegen SS und Polizei stets in Schutz. Anfang April 1945 erhielt er von dem SS-Standortkommando den Auftrag, im Passauer Tunnel die Gleisanlagen bei Annäherung der Amerikaner zu zerstören. Den Tunnel mit Lokomotiven und Wagen zu verrammeln und das Ganze zu sprengen. Einen gleichen Auftrag erhielt Herr Berndl auch für die Zerstörung der wichtigsten Weichen. Durch geschickte Handlungsweise und Sabotage aller dieser Anordnungen hat Herr Berndl maßgebend dazu beigetragen, daß der Tunnel sowie die Weichen erhalten geblieben sind.

SPRUCHKAMMER PASSAU

Begl.Abschrift

Passau, den 22.7.1947

Aktenzeichen: 9217/R 11372/A 4667

Auf Grund des Gesetzes zur Befreiung von Nationalsozialismus und Militarismus vom 5. März 1946 erläßt die Spruchkammer Passau

bestehend aus:

1. Hirschenauer stellv. als Vorsitzenden
2. Schwarz
   Ortner als Beisitzer

gegen Herrn Rupert B e r n d l, techn.Reichsbahninspektor geb.am 17.10.1909 in Ludwigshafen, wohnhaft: P a s s a u Bahnhofstr. 45

im schriftlichen Verfahren folgenden

SPRUCH:

I.D.d.r Betroffene kfX

1. Das Verfahren wird eingestellt.(Weihnachtsamnestie)
2. Die Kosten fallen der Staatskasse zur Last.

B e g r ü n d u n g :

Meine Eltern mussten sich selbstverständlich auch dem Verfahren unterziehen. Während bei meiner Mutter die Angelegenheit schnell erledigt war, sah man bei Vater, der über Jahre an verantwortungsvoller Position einen Eisenbahnbauzug geführt hatte, wesentlich genauer hin. Erst als sich herausstellte, dass er gegen Ende des Krieges der Passauer Widerstandsbewegung mit dem Decknamen „Hermann" angehörte, stellte man das Verfahren sofort ein. Daraufhin wurde er von der amerikanischen Militärverwaltung als Bahnmeister in Passau eingesetzt.

Widerstand

Diese Widerstandsbewegung „Hermann" hatte sich zum vordringlichen Ziel gesetzt, durch Sabotageakte die geplanten Sprengungen in den letzten Kriegstagen so weit wie möglich zu verhindern. So gelang es meinem Großonkel Karl Riedl zusammen mit seinem Freund, dem Metzgermeister Hans Hausmann, heimlich einen Teil der Sprengladungen zu entschärfen, welche die über die Donau führende Maxbrücke zum Einsturz bringen sollten. Als Elektromeister gelang es ihm, die Kabel so zu manipulieren, dass die in einigen Brückenpfeilern deponierten Sprengsätze nicht gezündet werden konnten. Allerdings stürzte durch Beschuss ein Brückenjoch ein. Dieses überspannte jedoch lediglich den stadtseitigen Uferbereich und konnte deshalb ohne allzu große Schwierigkeiten rasch durch ein Provisorium ersetzt werden.

Vater hatte in den letzten Kriegswochen so gut es ging dafür zu sorgen, dass die immer wieder bombardierten Gleisanlagen wieder notdürftig repariert wurden, um den Schienenverkehr einigermaßen zu ermöglichen. Er und seine Leute waren gerade in den letzten Kriegstagen durch den häufigen Artilleriebeschuss größten Gefahren ausgesetzt. Vor allem galt es, die beiden Lazarettzüge mit den vielen verwundeten Soldaten, die in Passau gelandet waren, in Sicherheit zu bringen. Außerdem mussten einige mit Munition beladene Waggons dringend so verschoben werden, dass sie von den feindlichen Flugzeugen möglichst nicht entdeckt und dann durch gezielten Beschuss zur Explosion gebracht werden konnten. Deshalb wurde einer der beiden Lazarettzüge zur besseren Tarnung auf das Hafengleis an der Donau gezogen. Als dann der Beschuss an Heftigkeit zunahm, verfrachtete man die Verwundeten in die einigermaßen sicheren Luftschutzkeller der in unmittelbarer Nähe liegenden Güterstation. Mit den Hausbewohnern mussten sie sich über Tage hinweg die engen Kellerräume teilen. Der zweite Lazarettzug mit Schwerverwundeten wurde in den Tunnel unter dem sogenannten Exerzierplatz, der heutigen „Neuen Mitte", gezogen. Hier waren die Bedauernswerten den Blicken feindlicher Aufklärer entzogen. Auf Befehl eines fanatischen, hohen Offiziers, der scheinbar in der unübersichtlichen Lage der letzten Kriegstage für die Verteidigung Passaus verantwortlich zeichnete, sollte nun der Lazarettzug aus seinem sicheren Versteck hervorgeholt und ungeschützt auf einem Nebengleis im Bereich des Hauptbahnhofs abgestellt werden. Was das für die Verwundeten in dem Zug bedeutet hätte, lässt sich unschwer nachvollziehen. An seine Stelle sollte ein voll bepackter Munitionszug in den Tunnel geschoben werden. Es war beabsichtigt, die Munition hochzujagen und damit den Tunnel zum Einsturz zu bringen, sobald die ständig näher rückenden amerikanischen Truppen auf dem darüberliegenden Exerzierplatz eingetroffen wären. Dass sich die Amerikaner hier sammeln würden, lag auf der Hand, war doch der Exerzierplatz die einzige große Fläche, die sich in unmittelbarer Nähe der Stadt dafür geeignet hätte. Seine Größe und Weitläufigkeit hätte die Truppenkontingente, die Panzerverbände und die Fahrzeuge der amerikanischen Einheiten leicht aufnehmen können. Die verheerende Auswirkung, die eine Sprengung des darunterliegenden Tunnels gehabt hätte, mag man sich gar nicht vorstellen. Vater sprach nur ganz selten darüber, wie es ihm und seinem langjährigen Skifreund und Bergkameraden Anderl Beutler gelang, die Sprengung zu vereiteln. Er erzählte zwar, dass noch andere Personen aus seiner Gruppe an dem Sabotageakt beteiligt waren, aber weitere Namen fielen dabei nicht, soweit ich mich erinnere. Es muss seinen vagen Angaben nach jedenfalls eine massive Beschädigung des Gleiskörpers vorangegangen sein, die ein Herausrangieren des Lazarettzuges aus dem Tunnel in der gebotenen Kürze der Zeit unmöglich machte. Vermutlich haben er und seine engsten Vertrauten die Schienenanlagen unmittelbar vor der Tunneleinfahrt gesprengt. Die Gefahr, bei dieser Manipulation entdeckt zu werden, war selbst bei Nacht sehr groß. Sabotage wurde unweigerlich durch standrechtliche Erschießung an Ort und Stelle geahndet. Vater hatte niemanden sonst in die Aktion eingeweiht. Man konnte in diesen Zeiten niemandem vertrauen. Das Denunzieren war an der Tagesordnung. Selbst Mutter wusste nichts davon. Sie hätte sich ansonsten zu sehr gesorgt. Sie erfuhr von dem Sabotageakt erst indirekt aus dem abschließenden Protokoll von Papas Entnazifizierungsverfahren.

Die allgemeine Versorgungslage

Was die Versorgung der Bevölkerung vor allem mit Lebensmitteln angeht, so waren die ersten Monate nach dem Krieg weitaus schlimmer als die Kriegszeit selbst. Nur ganz allmählich entspannte sich die Lage. Eigentlich hielt diese entbehrungsreiche Zeit ohne nennenswerte Veränderungen bis zur sogenannten Währungsreform 1948 an.

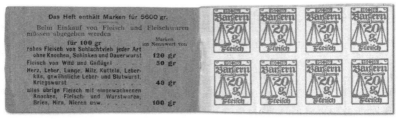

29 | *Lebensmittelmarken*

Aufgrund der negativen Erfahrungen aus dem Ersten Weltkrieg hatten die damaligen Machthaber vorsorglich bereits 1937 mit dem Drucken von Lebensmittelmarken begonnen. Damit lässt sich auch erklären, warum bereits vier Tage vor Kriegsbeginn 1939 die längst fertiggestellten Lebensmittel- und Kleidermarken an alle Haushalte in Deutschland verteilt werden konnten. Es gab Karten für Fleisch, Fett, Brot, Eier, Milch und so weiter. Diese Bezugsscheine waren je nach Nahrungsmittelart unterschiedlich gefärbt. Nur damit konnte man einkaufen. Die Karten waren unterteilt in zahlreiche kleine Felder, die je nach Lebensmittel bestimmte Mengen- oder Gewichtsangaben auswiesen. Gegen Vorlage eines solchen Bezugsscheines und unter Angabe des gewünschten Quantums schnipselte darauf die Verkäuferin mit einer Schere aus der Karte die entsprechenden Abschnitte und verwahrte diese in einer Mappe. Ein riesiger bürokratischer Aufwand, umständlich und zeitraubend. Vor den Geschäften bildeten sich allein schon aus diesem Grund, aber auch wegen der ständig knapper werdenden Versorgungsgüter, täglich lange Schlangen. Zu Kriegszeiten waren nicht sämtliche Lebensmittel erhältlich beziehungsweise waren sie rationiert. Aber dermaßen ernsthafte Ernährungsprobleme, wie sie meine Eltern während des Ersten Weltkriegs erleiden mussten, gab es während des Zweiten nicht in dem Ausmaß. Das wiederum war nur möglich durch die rücksichtslose Ausbeutung der besetzten Gebiete. Trotzdem wurden bis 1945 die Rationen ständig kleiner. Pro Woche standen einem Durchschnittsbürger zuletzt noch 2000 Gramm Brot, 200 Gramm Fett und 300 Gramm Fleisch zu. Aber man konnte diese Lebensmittel halt nur dann kaufen, wenn sie überhaupt vorrätig waren. Die Versorgungslage verschlechterte sich zunehmend. Gegen Kriegsende gab es nur noch Kartoffeln, Mehl, Zucker und Hülsenfrüchte auf Marken. Einige Lebensmittel waren überhaupt nicht mehr zu bekommen oder sie wurden ersetzt. So gab es keinen Bienenhonig mehr, nur noch Kunsthonig. Als Ersatz für Vollmilch musste sich die Hausfrau mit dünner, bläulich schimmernder Magermilch begnügen. Statt Butter erhielt man Margarine. In diesen schwierigen Jahren kamen die alten, meist handgeschriebenen Rezepte aus vergangenen Notzeiten wieder zu Ehren.

Brot, das wohl wichtigste Nahrungsmittel, war gegen Kriegsende keineswegs mehr bei allen Bäckern erhältlich. Da gab es durchaus Unterschiede. Mir ist da die Bäckerei Riederer in der Grabengasse in bester Erinnerung. Hier bekamen die Leute, nach Mutters Aussage, während der gesamten Kriegszeit immer das dringend benötigte Brot. Zumindest in geringen Mengen. Aber so manchen anderen Bäckermeister ließ ein ausgeprägter Geschäftssinn Mehl, Fett und Gewürze zurückhalten und auf eine baldige Änderung der politischen Lage hoffen.

Neben den Lebensmitteln wurden mit Beginn des Krieges auch sämtliche Textilien rationiert. Nur noch mit der „Reichskleiderkarte" konnten Zivilpersonen Kleidung erwerben. 100 Punkte wies so ein Berechtigungsschein aus. Für einen Anzug mussten beispielsweise 55 Punkte geopfert werden. Ein Pullover verschlang 25 und ein Paar Schuhe bis zu 60 Punkte. Nachdem die Kleiderkarten den Bedarf für ein Jahr decken mussten, zwang das zu einer wohl überlegten Planung.

30| *Kleiderkarten*

Bis weit in die Nachkriegszeit hinein, bis 1950, musste man mit den Lebensmittelkarten zurechtkommen. Die Gründe für die eklatante Nahrungsmittelknappheit waren vielfältig. So fehlte es lange Zeit an Transportmitteln. Kraftfahrzeuge aller Art waren zuletzt fast ausnahmslos für den „Kriegsdienst" in Beschlag genommen worden. Und dabei wurden sie bis auf einen kläglichen Rest zerstört. Lokomotiven und Güterwaggons gingen bei den gezielten Angriffen der Alliierten kaputt. Durch den nahezu totalen Ausfall an Transportmitteln sowie der weitgehenden Zerstörung der Gleise, Brücken und vieler wichtiger Straßen war eine Versorgung der Bevölkerung über einen langen Zeitraum nicht möglich. Zwar arbeitete man jetzt mit allen verfügbaren Kräften an der Wiederinstandsetzung der Infrastruktur, aber die Verhältnisse besserten sich nur ganz langsam. Es vergingen etliche Jahre, bis man sich allmählich wieder den Verhältnissen der Vorkriegszeit annäherte. Außerdem machte sich auch der immer noch anhaltend starke Zuzug von Vertriebenen bemerkbar. Die vielen neu dazugekommenen Menschen verschärften die ohnedies katastrophale Lebensmittelknappheit. Das Wenige musste nun auch noch geteilt werden. Der überwiegende Teil der Bevölkerung hatte damit überhaupt kein Problem. Aber es gab eben auch uneinsichtige Zeitgenossen, die ihren Unwillen über die Situation deutlich zum Ausdruck brachten. Das führte dann gelegentlich durchaus auch zu Spannungen innerhalb der Bevölkerung.

Krankheiten brechen aus

Hatte man zunächst gehofft, dass sich mit dem Ende des Krieges die Lebensumstände endlich verbessern würden, so zeigte sich sehr bald, dass die Not sogar noch wuchs. Vor allem der gravierende Mangel an Lebensmitteln setzte den Menschen zu. Es gab kaum mehr etwas zu kaufen. Die Läden waren leer. Besonders die Kinder litten darunter. Viele von ihnen waren unterernährt. Und weil sie geschwächt waren und im Vergleich zu den Erwachsenen eine geringere Widerstandskraft hatten, waren Kinder in diesen Jahren besonders anfällig für vielerlei Krankheiten. Masern, Diphterie und der gefürchtete Typhus erreichten mehrmals epidemische Ausmaße. Es gab zahlreiche Todesfälle. In einem Flügel der Veste Oberhaus, der weitläufigen Burganlage über Passau, wurde deshalb über einen längeren Zeitraum eine Quarantänestation für Kinder mit ansteckenden Krankheiten eingerichtet.

Erneut beginnt das Hamstern

Den Menschen auf dem Land ging es auch in der Nachkriegszeit vergleichsweise besser. Zwar mussten auch sie in großem Umfang Flüchtlinge aufnehmen, hatten aber immerhin mehr Möglichkeiten, an Mehl, Eier, Fett und Fleisch zu kommen. Deshalb setzten bald nach Kriegsende verstärkt wieder die ungeliebten „Hamsterfahrten" ein, sobald man die Straßen einigermaßen geflickt hatte und wenigstens ein eingeschränkter Zugverkehr wieder möglich war.

In Passau mit seinen zerstörten Brücken dauerte die Rückkehr zu einigermaßen akzeptablen Verkehrsverhältnissen geraume Zeit. So lagen auch die kurz vor Kriegsende gesprengten Brücken über Inn und Donau in Trümmern. Zerstörte Brückenelemente und verbogene Eisenträger ragten aus den Flüssen. Ihre Bergung war mit großen Schwierigkeiten verbunden und nahm viel Zeit in Anspruch. Deshalb war auch der Schienenverkehr von Passau in den Bayerischen Wald über einen langen Zeitraum nicht möglich. Allerdings waren zum Zeitpunkt der Brückensprengung einige Zuggarnituren im Bereich links der Donau verblieben. Das stellte sich jetzt als Vorteil heraus. Denn diese Züge verkehrten nun zwischen der Haltestelle Stelzlhof, nahe am nördlichen Kopf der zerstörten Brücke, und Waldkirchen, Freyung und Haidmühle. Der Transport der Fahrgäste erfolgte per

Schiff auf der Donau zum ziemlich weit westlich von Passau gelegenen Eisenbahnhaltepunkt. Es muss Ende November 1945 gewesen sein, als Mutter mit mir diese gezwungenermaßen kombinierte Schiffs-/Bahnreise unternahm. *Es ist dunkel und kalt, als wir uns quer durch die Stadt auf den Weg zum Donaukai machen. Dort haben einige Raddampfer und Schleppkähne festgemacht. Aus dem hohen, schlanken Kaminrohr eines der Schiffe steigt dicker, grauer Qualm. Viele Menschen warten bereits am Ufer. Sie tragen dicke Winterkleidung, haben Mützen oder Hüte auf dem Kopf. Als dann ein Matrose vom Schiff herüber zur Anlegestelle einen schmalen Steg schiebt, drängen die Menschen ungestüm auf den Dampfer. Obwohl der Steg links und rechts mit Seilen gesichert ist, gehen wir vorsichtshalber erst am Ende der Gruppe an Bord. Dafür finden wir nur mehr ganz hinten an Deck einen Stehplatz. Überall auf dem schwimmenden Gefährt stehen dicht an dicht die Menschen und sprechen angeregt miteinander. Dann übertönen in kurzem Abstand einige laute, zischende Pfeiftöne das Stimmengewirr. Offensichtlich das Signal zur Abfahrt, denn der Steg wird an Bord gezogen und die dicken Haltetaue werden gelöst. Es geht los. Mit deutlich vernehmbarer Wucht klatschen die Schaufeln des Raddampfers auf das Wasser und treiben unser Schiff langsam flussaufwärts. Die Stadt liegt noch im Dunkeln. Kaum Lichter. Es ist gleichermaßen gespenstisch und unheimlich wie schön. Die Fahrt beeindruckt mich sehr. Mutter hält mich fest an der Hand, als wir nach etwa einer halben Stunde am linken Donauufer anlegen. Dicke Holzstämme halten den Dampfer in gebührendem Abstand zum hier unbefestigten Ufer. Wir warten zu, bis die Eiligen und die Drängler von Bord sind und gehen dann vorsichtig über die schaukelnden und schwingenden Bohlen ans Ufer. Der steile Grashang, der hinaufführt zur Haltestelle, hat tief ausgetretene Trittspuren, die das Besteigen erleichtern. Oben wartet bereits der Zug. Er fährt erst ab, als die letzten Reisenden eingestiegen sind. Es eilt nicht, zumal ja noch kein präziser Fahrplan zum Einhalten von Zeitvorgaben zwingt. Unser Waggon ist schwach beleuchtet und ausgesprochen gut beheizt. Im Laufe der Fahrt wird die Dämmerung von hellem Tageslicht verdrängt. So kann ich gut erkennen, dass draußen Schnee liegt, dessen Höhe kontinuierlich zunimmt, je näher wir unserem Ziel kommen. Kurz hinter Waldkirchen verlassen wir an der Haltestelle Mayersäge den Zug. Der Schnee liegt jetzt so hoch, dass er für mich kleinen Burschen schwer zu durchwaten ist. Die dicke Win-*

terkleidung, die Handschuhe und die warme Mütze schränken meine Bewegungsfreiheit obendrein erheblich ein. Mutter leiht sich deshalb bei Leuten, die nahe dem Haltepunkt wohnen und die sie wohl kennt, einen kleinen Schlitten aus. Darauf setzt sie mich. So stapft sie nun durch den Schnee und zieht mich hinter sich her. Den leeren Rucksack und die Tasche, in denen wir die erhofften Lebensmittel heimtransportieren wollten, muss ich festhalten.

Als dann die Steigung nach Böhmzwiesel hinauf beginnt, überholt uns ein großer Schlitten, der von einem Pferd gezogen wird. Die kleinen Schellen, die an einem breiten Gurt über den Pferdehals befestigt sind, klingen fein und hell über den Schnee. Neben dem Mann, der die Zügel in Händen hält, sitzt ein dick eingemummter Herr mit Fellmütze und Pelzkragen. Mutters Bitte, ob sie denn über die lange Steigung hinauf unser „Gespann" hinten an deren Schlitten anhängen dürfe, wird recht schroff abgewiesen.

Der Kutscher, der damals Lohnfahrten durchführte und dessen Nachkommen heute noch ein Omnibusunternehmen in Grainet betreiben, war gerade dabei, einen Waldkirchner Arzt zu einem Patienten zu fahren. Er hatte es sehr eilig. Vielleicht wollte er aber auch seinem Pferd keine zusätzliche Last zumuten. Diese nachträgliche Information erhielten wir von unseren Verwandten, als wir nach langem, für Mutter besonders anstrengendem Marsch dort endlich ankamen. Eine besonders skurrile Szene auf dieser Hamsterfahrt blieb mir in Erinnerung. Wie bereits erwähnt, hatten hin und wieder Gewinn bringende Tauschgeschäfte so manche Bauernfamilien in den Besitz von Schmuck oder anderen Wertgegenständen gebracht. Über die Ergebnisse solch lukrativen Handels freuten sich die neuen Besitzer sichtlich. So führte uns an diesem Tag die Bäuerin in die sogenannte gute Stube im Oberstock, um Mama stolz einige Stoffballen zu zeigen, die sie vor ein paar Tagen gegen allerlei Nahrungsmittel eintauschen konnte. Kurz zuvor hatte sie einen Laib Brot, Kartoffeln, etwas Schweineschmalz und etliche Eier in unseren Rucksack gepackt. Fleisch, so meinte sie, könne sie uns leider nicht mitgeben, sie hätten selbst schon lange keines mehr gehabt, denn schwarz zu schlachten, sei streng verboten und wegen der drohenden Bestrafung viel zu gefährlich.

Aber als nun die Tür zur guten Stube aufgeht, da erschrickt unsere Wohltäterin ob ihrer Unvorsichtigkeit. Aber es ist schon zu spät. Mamas Blick richtet sich nicht auf die Tauschobjekte, sondern auf den Tisch in der Mitte des nobel ausgestatteten

Raumes. Darauf liegen jede Menge roher Fleischbrocken unterschiedlicher Größe. In Anbetracht der tiefen Temperaturen in dem unbeheizten Raum, hat man das Fleisch hier vorübergehend eingelagert. Die Situation war der Nandl, wie unsere Bäuerin gerufen wurde, sichtlich peinlich. Nicht angenehm, wenn man beim Lügen ertappt wird! Sie hatte offensichtlich nicht mehr an das Fleischdepot gedacht, als sie Mutter zum Begutachten der kostbaren Stoffe einlud. In ihrer Verlegenheit greift sie nach einem kleinen Stück, um es Mama zu geben. Aber das Fleisch war am Tisch festgefroren und ließ sich trotz heftigem Ziehen nicht lösen. „Wennst oans wegbringst, derfst es mitnehma", meinte sie. Das ließ sich Mutter nicht zwei mal sagen. Ich werde den Anblick nie vergessen: Mama kniet auf dem Tisch und versucht ihr Glück an einem großen Brocken. Sie reißt und zerrt mit aller Kraft und schafft es tatsächlich, einen ansehnlichen Batzen Schweinefleisch im Sinne des Wortes loszueisen. Die Nandl ist darüber wahrscheinlich wenig erfreut. Leicht säuerlich zeigt sie Mama dann noch ihre eingetauschten Schätze. Wenig später brechen wir auf. Rucksack und Tasche packt Mutter zu mir auf den Schlitten. Beides halte ich fest umklammert. Ich bin mir des Wertes unserer Ladung mittlerweile durchaus bewusst. Es schneit. Bergab geht es jetzt trotz des Schnees zügig voran. An der Bahnstation wird der Schlitten zurückgegeben. Wir müssen ziemlich lange in der Kälte auf den Zug warten.

Von der Rückfahrt habe ich nichts mitbekommen. Die Müdigkeit hat mich übermannt. Das Quietschen der Bremsen und das abrupte Anhalten des Zuges reißen mich aus dem Schlaf. Wir müssen aussteigen. Es hat auch hier zu schneien begonnen. Der steile Abstieg über den nun glitschigen Grashang wird manchem Hamsterer zum Verhängnis. Einige gleiten auf den schlammigen Tritten aus und rutschen unter lautem Schreien von allerhand bösen Worten, deren Gebrauch mir strengstens untersagt war, unaufhaltsam in Richtung Raddampfer. An die Rückfahrt mit dem Schiff und unseren anschließenden Nachhauseweg kann ich mich nicht mehr erinnern.

Selbstversorger haben es gut

Glücklich konnte sich schätzen, wer wenigstens über einen kleinen Garten verfügte, dem man durch geschicktes Wirtschaften allerhand Essbares abringen konnte. Für eine gepflegte Rasenfläche, üppige Blumenbeete und Ziergehölz, wie man sie heute in den Vorgärten antrifft, war damals der Platz viel zu schade. Zu der Dienstwohnung am Ende der Bahnhofstraße,

31| *Siedlung in Passau-Auerbach mit innenliegenden Schrebergärten*

die wir 1946 bezogen hatten, gehörte eine bescheidene Gartenfläche von etwa 120 Quadratmetern. Aber was Vater aus dem kleinen Fleck herausholte, war bemerkenswert. Vor allem wurden Kartoffeln angebaut, aber auch vielerlei Gemüse, Blumenkohl, Rettich, Kohlrabi, Zwiebeln, Salat und Gurken konnten geerntet werden. In der hintersten Ecke standen zwei Johannisbeersträucher. Und da Papa ein leidenschaftlicher Pfeifenraucher war, überragten auch etliche Tabakstauden mit ihren großen Blättern die Gemüsebeete. Gelbe und rote Rüben, Rettich und Lauch wurden im kühlen Keller mit Sand bedeckt und so in die langen Wintermonate gerettet.

Durch einen hohen Maschendrahtzaun abgetrennt, quakten ein paar Enten um eine weite Schüssel, die in den Boden versenkt und mit Wasser gefüllt war. Ein Miniweiher sozusagen. Fünf, sechs Hühner und ein Hahn teilten sich mit den Enten den schmalen Auslauf und scharrten fleißig in der Erde herum. Nachts wurde das Federvieh in den kleinen Hühnerstall gesperrt und am frühen Morgen in die winzige Freifläche entlassen. Enten und Hühner versorgen, gehörte zu meinen Aufgaben. Ich tat es gerne. Für mich war der kleine Hühnerstall das Herzstück unserer Selbstversorgeranlage, denn er barg auch vier Hasenställe. Darin mummelten einige Karnickel. Meistens hatten sie Junge. Wie die entstanden und wo die herkamen, war für mich damals noch ein unerklärliches Rätsel. Den Hasen, vor allem den Jungen, gehörte meine ganz besondere Zuneigung. Darüber hinaus hatte Vater unter das Dach einen Taubenschlag gezimmert mit mehreren Öffnungen, durch die morgens die gurrende Gesellschaft ins Freie entlassen wurde. Erst in der Dämmerung kehrten die Tauben im Pulk in den Schlag zurück. Selten blieb eine von ihnen verschollen.

Wenigstens zum Teil konnte sich unsere Familie selbst versorgen. Kartoffeln, Gemüse, Eier und ab und zu ein Huhn oder ein Täubchen waren essensmäßig eine gediegene Basis. Wenn an Festtagen gelegentlich eine gebratene Ente auf den Tisch kam, oder wenn es Hühnersuppe gab, hatte ich keine Probleme. Ich sah sogar einmal zu, als Papa einen Hahn am Hackstock köpfte. Das empfand ich jedoch als dermaßen grausam, dass ich von da an derlei Exekutionen um keinen Preis mehr beiwohnen wollte. Zumal das nach der fürchterlichen Prozedur kopflose Tier Vater entkam und kopflos quer über den Garten und schließlich gegen den Zaun flog. Das war denn doch zu viel für mich. Ich ergriff entsetzt die Flucht.

Ein Kaninchen, das ich selbst großgezogen, gefüttert und immer wieder gestreichelt hatte, hätte ich nie und nimmer verspeisen können. Hasenfleisch gab es bei uns nie! Seltsam war nur, dass ab und an ein Karnickel spurlos verschwand. „Ausgebüxt, weggelaufen, entkommen", hieß die Erklärung für dieses rätselhafte Phänomen. Allerdings gab es erstaunlicherweise immer wieder Mal Kalbsbraten. Diese Täuschungsmanöver meiner Eltern habe ich erst viel später durchschaut.

Schwierigkeiten bereitete fortwährend die Futterbeschaffung für unseren kleinen Zoo. Für die Versorgung der Hasen war ich in erster Linie zuständig. Zumindest in den Sommermonaten. Das war jedoch mit allerhand Problemen behaftet. Da die Bauern für ihre Tiere selbst jeden Grashalm dringend brauchten, waren die landwirtschaftlich genutzten Wiesen für uns Futterbeschaffer absolut tabu. Jeder Ackerrain, jede Böschung wurde in diesen Zeiten genutzt, mühselig gemäht oder von Schafen und Ziegen abgeweidet. Deshalb machte ich mich mit ein paar Freunden, die ähnliche Versorgungsprobleme hatten, jeden zweiten Tag auf den Weg zum Oberhausberg. An den Hängen und in den Gräben entlang der steilen Treppenanlagen wuchs quasi herrenlos Gras in ausreichenden Mengen und die bei den Kaninchen überaus beliebten Bärentatzen mit ihren fleischigen, saftigen Blättern. Die rupften wir ab, stopften damit unsere Rucksäcke voll und machten uns dann mit der wertvollen Fracht auf den Heimweg. Für weitere Freizeitaktivitäten blieb dann neben dem Erledigen der lästigen Hausaufgaben wenig Zeit.

Sammler und Jäger

Ein weiterer bescheidener Beitrag, den ich zum Selbsterhalt unserer Familie beisteuerte, bewegte sich im Bereich der Illegalität. Von den älteren Jungen lernten wir das Schwarzfischen. Sie brachten uns bei, wie man Forellen fängt in ihren Unterständen an den Ufern der Bäche. Außerdem zeigten sie uns, wie man Legangeln am besten tarnt und am Flussufer festmacht. Auch wie man Schleppangeln völlig unverdächtig hinter einem Kahn nachzieht, war Bestandteil dieser illegalen, aber vielleicht gerade deshalb so spannenden Ausbildung am Wasser. Passau liegt nun mal an drei Flüssen. Überall Wasser! Klar, dass Donau, Inn und Ilz zu unserem engeren „Einzugsbereich" gehörten. Sogar das rasche Töten der Fische und das fachgerechte Ausnehmen derselben schauten wir uns von den Größeren ab. Learning by doing! All diese Kenntnisse flossen, sozusagen als umfangreiches Grundwissen, in die Fischerprüfung ein, die ich einige Jahre später ganz offiziell ablegte. Ab dem Zeitpunkt war meine Fischerei in die Legalität übergegangen.

Alles, was in der freien Natur heranwuchs und genießbar war, wurde gesammelt und einem darauf folgenden Veredelungsprozess unterworfen. Zwar nicht immer mit dem erhofften Erfolg, aber zumindest magenfüllend waren die Produkte, die dabei herauskamen. So wurden sämtliche Sorten von Beeren zu Marmeladen verarbeitet. Die Vogelbeeren waren Basis für allerhand alkoholische Getränke, Pilze wurden getrocknet, Bucheckern waren Ersatz für Nüsse und wanderten bei der Weihnachtsbäckerei in den Teig, das Obst der Alleebäume vergor man zu Most, die jungen Fichtentriebe wurden zu heilkräftigem Sirup, dem sogenannten Fichtenhonig, verkocht.

Mutter verstand es, aus Zuckerrüben einen Sirup zu fertigen, der in Ermangelung von Zucker lange Zeit das einzige Mittel war, um Speisen und Getränke zu süßen. Aus Unschlitt und ausgekochten Tierknochen produzierte sie nach alt überlieferten Familienrezepturen sogar Seife. So kam in diesen Notzeiten viel altes Küchenwissen wieder zu großer Ehre. Rezepte, die man längst vergessen glaubte, wurden weitergesagt und ausgetauscht. Vor allem dann, wenn die Frauen und Mütter in langen Schlangen vor den wenigen noch geöffneten Geschäften standen und hofften, das eine oder andere Nahrungsmittel zu ergattern. Da blieb dann Zeit, um sich auszutauschen.

Der „Tante-Emma-Laden"

In unserem westlich an den Bahnhof angrenzenden Viertel eröffnete um 1947/48 ein kleines Lebensmittelgeschäft. Kolonialwarenladen sagte man damals noch dazu. Nachdem sich die allgemeine Lage allmählich verbessert hatte, konnten die Hausfrauen hier zumindest die wichtigsten Grundnahrungsmittel erwerben. Zwei unverheiratete Schwestern betrieben den vergleichsweise winzigen Laden. Dem fremdartigen Dialekt nach zu schließen, stammten die beiden Damen Sauler aus dem Raum Baden-Württemberg. Aus einem nie gänzlich geklärten Grund waren die beiden nach dem Krieg in Passau hängen geblieben. Und nun betrieben sie die „Gemischtwarenhandlung Sauler", wie ein Schild über der Eingangstür verkündete.

Wenn man den Laden betrat wurde eine kleine Glocke in Schwung gesetzt, die mit lautem Bimmeln den Besucher ankündigte. Vor allem in den Vormittagsstunden war der kleine Laden immer voll. Dicht an dicht standen die Hausfrauen und warteten geduldig, bis sie an der Reihe waren und ihre bescheidenen Wünsche vortragen konnten. Hier wurden Mehl, Zucker, Salz, Reis und Grieß noch mit kleinen Holzschaufeln in braune Papiertüten gefüllt und exakt abgewogen. Bei den freundlichen Sauler-Schwestern bekam man Brot, Sauerkraut, Rollmöpse und Bratheringe aus riesigen Blechdosen, da wurden auf Verlangen mit einer Holzzange Salzheringe aus einem Holzfass gefischt. In der bescheidenen Wurstabteilung konnte man immerhin zwischen Knackwurst und Kochsalami wählen. Groß war die Auswahl nicht, aber man war zufrieden damit und glücklich, dass es überhaupt wieder Lebensmittel zu kaufen gab.

Das Einkaufen in „unserer" Gemischtwarenhandlung nahm zwar stets viel Zeit in Anspruch, aber die hatte man damals noch ausreichend. Der Laden der beiden Frauen wurde zum Mittelpunkt unseres Viertels. Hier wurden Neuigkeiten und Erfahrungen ausgetauscht, Vermutungen angestellt. Da wurde gelobt, geschimpft, gejammert und geklagt, da wurde geratscht und ausgerichtet. Hier pulsierte das Leben.

Wenn ich heute durch einen Supermarkt irre und die Sachen, die ich besorgen soll, in dem weitläufigen Nahrungsmitteltempel einfach nicht finden kann, dann denke ich oftmals wehmutsvoll zurück an das so übersichtliche Lädchen in unserem Viertel. Ich kann es immer noch nicht so richtig begreifen, dass heutzutage nicht einmal eine ganz stinknormale Müsliabteilung eines der modernen Märkte auch nur annähernd Platz fände im „Sauler-Laden".

Der Biertransport

Unmittelbar neben dem Lebensmittelgeschäft war im gleichen Gebäude eine Gaststätte untergebracht. Gegenüber dem Bahnhof gelegen, kehrten hier gerne Fahrgäste ein, die auf die Abfahrt ihres Zuges warten mussten. Das Bier war hier günstiger als in den offiziellen Wartesälen erster und zweiter Klasse, die im Bahnhofsgebäude untergebracht waren. Außerdem betrieb der Pächter eine sogenannte Gassenschänke. Dazu befand sich in der Wand zwischen Schankraum und Hausgang ein kleines Fenster mit

Ablagebrett. Eine dicke Schnur neben dieser Öffnung war mit einer kleinen Glocke im Gastzimmer verbunden, und wenn man daran zog, dann schob der Wirt auf das Gebimmel hin das kleine Fenster hoch. Jetzt konnte man seinen Wunsch äußern. Wir Buben mussten hier gelegentlich für unsere Väter das Bier holen und dann in den offenen Maßkrügen nachhause balancieren. In der Eile oder aus Unachtsamkeit verschüttete ich ab und an etwas von dem Gerstensaft und wurde dann freundlich ermahnt, das nächste Mal gefälligst besser aufzupassen. Das war unangenehm. Und so machte ich es nach einiger Zeit den älteren Kameraden nach, die in solchen Fällen am öffentlich zugänglichen Wasserhahn der kleinen Tankstelle gegenüber der Güterabfertigung die fehlende Biermenge mit Wasser auffüllten. Als ich dann um einiges älter war, nahm ich auch ab und zu einen Schluck Bier, wie die größeren Schlawiner, und glich das so entstandene Defizit ebenso schamlos mit Wasser aus. Geschmeckt hat mir das Gesöff überhaupt nicht, aber man konnte mit der Untat Eindruck schinden. Man gehörte damit schon ein wenig zu den Großen. Nur ganz selten kam Vater das von mir gelieferte Bier erstaunlich dünn vor. Aber Verdacht hatte er nie geschöpft. Zumindest hat er nie einen solchen geäußert.

Die Tankstelle, an der wir den Biermangel immer wieder ausglichen, wurde schon bald nach dem Krieg von der Familie Christl betrieben, die in späteren Jahren in Passau ein großes Autohaus betrieben. Der Andrang an der Tankstelle hielt sich in Grenzen. Es gab erst sehr wenige Kraftfahrzeuge. Das war auch gut so, denn der Tankvorgang an sich nahm ziemlich viel Zeit in Anspruch. Zwei hübsche, junge Damen bedienten hier die sporadisch ankommende Kundschaft. Sie mussten zunächst Liter für Liter von Hand in ein Schauglas pumpen, um von hier aus dann den Treibstoff portionsweise in den Tank laufen zu lassen.

Schule damals

In den letzten Kriegsjahren fiel in den Schulen immer häufiger der Unterricht aus. Die Gründe dafür waren vielfältig. Vor allem während der Wintermonate wurden die meisten Schulen geschlossen, weil es an Heizmaterial fehlte. Es gab weder Kohlen noch ausreichend Holz, um die Klassenräume warm zu bekommen. Außerdem mussten viele Schulgebäude einer anderen Nutzung weichen. Sie dienten nicht selten als Lazarette oder

32| *Nikolaschule in Passau*

aber als Notunterkunft für Menschen, deren Wohnungen bei den Bombenangriffen zerstört worden waren. Zudem hatten so ziemlich alle jungen Lehrer ihren Einberufungsbefehl erhalten und fehlten jetzt in den Schulen. Kurz nach Kriegsende hatte man obendrein oftmals Flüchtlinge in Schulgebäude einquartiert. So kam es, dass vielfach erst zu Beginn des Jahres 1946 wieder ein einigermaßen geregelter Unterricht aufgenommen werden konnte. Da viele Lehrer gefallen waren, gab es nun einen gravierenden Mangel an ausgebildeten Lehrkräften. In dieser Notsituation holte man auch längst pensioniertes Lehrpersonal aus dem Ruhestand zurück.

So wurden wir in der ersten Klasse von einem schon vor Jahren pensionierten, gütigen alten Hauptlehrer unterrichtet. Ein allein schon wegen seines langen weißen Bartes, der stets korrekten Kleidung und seiner beachtlichen Größe Ehrfurcht gebietender Herr. Hauptlehrer Prell war für uns Schulneulinge eine hochgeachtete Vaterfigur und Respektsperson. Er strahlte eine natürliche Autorität aus. Strafen gab es bei ihm nie. Wir mochten ihn. Er spitzte unsere Griffel, mit denen wir auf die grauen Schiefertafeln mühsam unsere ersten Buchstaben und Zahlen kritzelten. Das schrill quietschende Geräusch, das nicht selten dabei entstand, ging durch Mark und Bein. Das war nervig. Außerdem waren die Tafeln ziemlich empfindlich. Sie gingen ebenso leicht zu Bruch, wie die dünnen, spröden Griffel. Besonders bei den üblichen Balgereien, oder wenn man mit dem Schulranzen gegen ein Hindernis stieß beziehungsweise dieselbe allzu unsanft abstellte, konnte es leicht passieren, dass die mit einer schmalen Holzleiste umrahmte, dünne Schieferplatte zerbrach oder einen Sprung bekam. Das gab dann regelmäßig Ärger. Zuhause, wie auch in der Schule. Die Tafeln der Buben waren aus naheliegenden Gründen weitaus stärker gefährdet, als die der Mädchen. An einer Schnur befestigt, musste an der Tafel ein feuchter Lappen baumeln. Damit konnten Schreibfehler und falsche Rechenergebnisse spurlos entfernt werden. Das war sehr praktisch. Zwischendurch, auf jeden Fall aber nach Unterrichtsschluss, wurden die Tafeln sauber gewischt und in den Ranzen gesteckt. Der Lappen baumelte an der Schnur außen an der Schultasche. An den schlenkernden Lappen konnte man die Erstklässler erkennen. Man war stolz, wenn da nichts mehr baumelte.

33 | *2. Klasse mit Oberlehrer Wimmer, 2. April 1949*

Als ich in die erste Klasse der Nikola-Volksschule eingeschult wurde, waren wir 51 Buben. Eine Zahl, die heute undenkbar wäre und wohl zurecht einen Proteststurm der Elternverbände auslösen würde. Damals war das ganz normal. Der Respekt vor den Lehrkräften war groß, und die Regeln zur Aufrechterhaltung der Disziplin versuchten wir schon im eigenen Interesse nach Möglichkeit einzuhalten. Denn eine Übertretung der schulischen Vorgaben zog umgehend ziemlich schmerzhafte, pädagogische Maßnahmen nach sich. Da setzte es ganz schnell eine der Schwere des Vergehens angemessene und vom Lehrer festgesetzte Anzahl von Tatzen. Dazu musste der Delinquent der Lehrkraft seine kleine Hand entgegenstrecken, auf die diese dann mit einem dünnen Bambusstab entsprechend oft schlug. Das war ausgesprochen schmerzhaft. Die daraufhin unweigerlich auftretenden Striemen schwollen in der Regel dann auch noch an. Schwere Verstöße wurden mit dem gefürchteten „Überlegen" geahndet. Dabei musste sich der „Verurteilte" über die vorderste Schulbank beugen, damit sich die Hose ordentlich über das Hinterteil spannte. Darauf gab es dann die vorher verkündete Anzahl mehr oder weniger heftig geführter Streiche mit dem federnden Bambusstock. Das brannte höllisch. Der Schmerz ließ sich nur lindern durch vorsorglich an der entsprechenden Stelle eingelagerte, dämmende Materialien. Im Sommer fing die kurze Lederhose das Schlimmste ab. Deshalb trug man dieses bewährte Kleidungsstück vorsorglich vom zeitigen Frühsommer an bis weit in den Herbst hinein. Bei leichteren Vergehen hatte man sich, mit dem Gesicht zur Wand, in eine dafür ausgewiesene Ecke des Klassenzimmers oder hinter die frei im Raum stehende große Tafel zu stellen. All diese, teilweise recht rigiden Strafmaßnahmen sollten eine abschreckende Wirkung erzielen und zugleich den Übeltäter vor der gesamten Klasse bloßstellen. Derlei pädagogisch fragwürdigen Erziehungsmethoden gehören zum Glück längst der Vergangenheit an.

Um den eklatanten Mangel an Lehrkräften einigermaßen zu kompensieren, wurden übergangsweise auch andere „Hilfskräfte" auf die Schüler losgelassen. Junge Frauen mit Abitur, Klosterschwestern, ehemalige Beamte und noch nicht fertig ausgebildete Lehrer unterrichteten ersatzweise. Manchmal waren da auch schwarze Schafe darunter, die sich als Lehrkräfte ausgaben. Häufig erschlichen sich diese Personen eine Anstellung, indem sie behaupteten, ihre Zeugnisse und Dokumente seien in den Kriegswirren verloren gegangen oder verbrannt.

Nach und nach tauchten in den Schulen auch wieder die Lehrer auf, die man wegen ihres Engagements im Parteiapparat der Nationalsozialisten zunächst aus dem Verkehr gezogen oder gar festgesetzt hatte. Wenn sie bei der Prozedur der sogenannten Entnazifizierung einigermaßen glimpflich davongekommen waren, stand einer Wiedereinstellung in den Staatsdienst nichts mehr im Wege. Eine erstaunliche Anzahl dieser ehemals überzeugten Parteigenossen stand von nun an wieder vor den Klassen. Zu ihnen gehörte auch Hauptlehrer Max Mattheis, der uns einige Zeit vertretungsweise unterrichtete. Seine angepassten schriftstellerischen Arbeiten ließen ihn während der Nazizeit zu großem Ansehen gelangen. Ich habe ihn als zwar strengen, aber wirklich guten und gerechten Lehrer in Erinnerung. Stets mit Anzug und Fliege war auch er für uns eine Respektsperson.

Die Ausstattung der Klassenräume war Jahre nach dem Krieg noch recht spartanisch. Ein hohes Lehrerpult stand neben der Tafel mit den schwarz gestrichenen, teilweise linierten Holzplatten, die vertikal verschoben werden konnten. In den zweisitzigen Schulbänken saß man auf Klappsitzen, die meistens hochschnellten, wenn man aufstand, und mit einem lauten Schlag an die Rückwand krachten. Wurde man aufgerufen, so hatte man aufzustehen und auf den Gang zwischen den Bankreihen zu treten.

In die schräg montierte, hölzerne Schreibfläche, auf der die Schiefertafel oder später die Hefte und Bücher lagen, war am oberen Rand eine schmale Vertiefung eingefräst für Federhalter und Stifte. Hier war auch ein Tintenglas versenkt, das mit einem blechernen Klappdeckel verschlossen werden konnte. Der Tintenverbrauch war je nach Schreibweise unterschiedlich groß. Deshalb wurden vom Hausmeister von Zeit zu Zeit unsere Tintengläser mit dem blauen Schreibsaft wieder aufgefüllt. Er benutzte dazu eine große Blechkanne mit langem, dünnem Ausgießer. Ab der zweiten Klasse erfolgten die Einträge in unsere Hefte mit Hilfe eines farbig lackierten Federhalters, in dem eine Schreibfeder steckte. Anfangs gab es beim Hantieren mit den noch ungewohnten Schreibutensilien eine fürchterliche Kleckserei. Nicht nur in den Heften. Auch die Schreibfläche, die Finger, manchmal sogar die Kleidung wiesen mehr oder weniger deutlich sichtbare, blaue Tintenspuren auf. Aber schon bald hatten wir den Dreh heraus. Diese Schreibtechnik war auf jeden Fall wesentlich angenehmer als das nervige Gekratze auf der Schiefertafel.

Kalte Klassenzimmer

Zur „Möblierung" unseres Klassenzimmers gehörte ein mächtiger, gusseiserner Ofen, der in der kalten Jahreszeit in Betrieb genommen wurde. Er war vorne an der Längswand platziert, unmittelbar neben der Eingangstür. Frühmorgens, lange vor Unterrichtsbeginn, wurde das Ungetüm angefeuert. Diese Tätigkeit oblag dem Hausmeistergehilfen, der außerdem jedes Jahr am fünften Dezember als Krampus durch die Klassenzimmer polterte und ob seiner Größe und Verkleidung Angst und Schrecken verbreitete. Wenn wir dann kurz vor acht Uhr eintrudelten, war es im Raum bereits einigermaßen warm. In punkto Wärme gab es jedoch beträchtliche Unterschiede. Wer unmittelbar am Ofen saß, bekam während des gesamten Vormittags einen Vorgeschmack auf einen eventuell späteren Aufenthalt in teuflischer Höllenglut. Die Wärmestrahlung nahm jedoch proportional zur Entfernung von unserem Hitzespender kontinuierlich ab. Wer in der hintersten Ecke saß, fror meist saumäßig. Das beständige Nachheizen gehörte zu den Obliegenheiten der jeweiligen Lehrkraft.

Der extreme Mangel an Verheizbarem brachte die Menschen vor allem im strengen Winter 1947 in arge Bedrängnis. Über einige Wochen zeigte das Thermometer beharrlich Temperaturen knapp unter minus zwanzig Grad an. Die Flüsse vereisten. In den Häusern froren die Wasserleitungen ein. Vor allem in den Städten litten die Menschen ganz besonders unter dem Brennstoffmangel. In größter Not wurden manchmal sogar Treppengeländer verheizt, wanderten Fußbodenbretter und Parkettböden in die Öfen. In den umliegenden Wäldern suchte man unter der Schneedecke nach Leseholz. Holztrümmer wurden aus den Ruinen geborgen und nachhause geschleppt. Holzvorräte mussten bewacht werden und an den Holzschuppen hingen sicherheitshalber oftmals mehrere Bügelschlösser. Brennmaterial gehörte im Winter 47 zum bevorzugten Diebesgut. Manch ansonsten ehrlicher Familienvater sah keinen anderen Ausweg, als auf unrechtmäßige Weise in den Besitz des dringend benötigten Heizmaterials zu gelangen.

Natürlich schlug dieser eklatante Brennstoffmangel auch auf die Schulen durch. Wir Schüler mussten über lange Zeit in den Wintermonaten einen erheblichen Teil des benötigten Heizmaterials von zuhause mitbringen. Die zu liefernden Rationen waren festgelegt: Entweder pro Woche ein Brikett oder pro Tag ein Holzscheit hatten wir in eine der beiden Holzkisten neben unserem gefräßigen Dauerbrenner zu legen. Die Abgabe von Holz und Kohle wurde vom Klassenlehrer überwacht. Seine exakte Buchführung machte ein Sich-Drücken von der Abgabepflicht unmöglich. Um die kostbaren Heizvorräte möglichst zu schonen, wurde je nach Außentemperatur ab dem späten Vormittag nicht mehr nachgeheizt. Für die „Ofenreihe" wurde es langsam angenehm, während dem Rest der Klasse zunehmend die Kälte in die Glieder kroch. Das waren wir gewohnt. Es machte uns nichts aus. Dann zogen wir eben Schicht für Schicht unsere selbst gestrickten Westen, Pullover und die aus ehemaligen Wehrmachtsuniformen geschneiderten Jacken über. Wenn schließlich die Finger so klamm geworden waren, dass ein flüssiges Schreiben zunehmend schwer fiel, war das ein sicheres Zeichen für das nahe Unterrichtsende. Dann packten wir unsere Siebensachen in den Schulranzen und machten uns auf den Nachhauseweg.

Schulweg – alles zu Fuß

Dabei musste ich von unserer Volksschule aus, die nicht weit vom Innufer entfernt lag, zunächst die Nikolastraße entlanggehen, den Ludwigsplatz überqueren und dann bis zum westlichen Ende der Bahnhofstraße marschieren. Gut zwanzig Minuten war ich unterwegs, bis ich zuhause ankam. Einige meiner Klassenkameraden mussten da weit längere Strecken zurücklegen. Mein Schulweg führte mich in der ersten Zeit an zahlreichen Ruinen vorbei. Vor allem im Umfeld des Bahnhofs waren die Spuren des Krieges noch lange sichtbar. Die Fassaden der Häuser wiesen Schäden auf, manche Geschäfte hatten noch nicht wieder eröffnet und in den Schaufenstern der wenigen Läden war das Angebot an Waren noch so dürftig, dass man damit kaum Menschen anlocken konnte. Zumindest empfanden das die Erwachsenen so. Sie verglichen die momentanen Gegebenheiten ständig mit der Vorkriegszeit und litten verständlicherweise unter den Lebensbedingungen, die sich einfach nicht verbessern wollten. Das empfanden wir Kinder natürlich ganz anders. Wir waren im Krieg groß geworden und waren nicht in der Lage, unsere jetzige Situation mit einer „guten alten Zeit" zu vergleichen. Dadurch empfanden wir eigentlich keinen Mangel. Für uns war das Leben, so wie es sich in dieser Zeit darstellte, eben die Normalität. Andererseits nahm man schon die geringste Wendung zum Besseren, jedes bis dahin unbekannte Objekt mehr in den Auslagen sofort wahr.

Die „Schulspeisung"

Nur der Hunger hielt sich hartnäckig, die Lebensmittelknappheit wollte lange Zeit nicht weichen. Vor allem die Kinder litten darunter. Viele meiner Schulkameraden waren unterernährt. Besonders den Buben aus den oft kinderreichen Flüchtlingsfamilien sah man den Nahrungsmangel an. Der amerikanischen Besatzungsmacht war sehr daran gelegen, diese Not zu lindern. Sie führte deshalb bald schon die sogenannte „Schulspeisung" ein. Dabei wurden in den Großküchen der Amerikaner, die ansonsten für die Versorgung ihrer Einheiten zu sorgen hatten, einfache, warme Mahlzeiten zubereitet, mit denen dann die Schulen beliefert wurden. Die Verteilung der Speisen lief täglich gleich ab. Im Laufe des Vormittags transportierte das Hauspersonal die großen, schweren, dampfenden Kessel von Klassenzimmer zu Klassenzimmer. Wir Schüler hatten uns in einer langen Reihe anzustellen und bekamen dann einen großen Schöpflöffel mit „Schulspeisung" in unser Gefäß geschüttet. Unser Essgeschirr bestand in der Regel aus einer ehemaligen Konservendose, über die sich, sozusagen als Henkel, ein Drahtbügel spannte. Das war recht praktisch, denn so konnte man den meist schmackhaften Inhalt einigermaßen sicher zu seinem Platz tragen.

34 | *Schulspeisung*

Zum allgemeinen Schulequipment gehörte damals neben den Schulsachen ein Essgefäß und ein Löffel. Nach gemeinsamer Mahlzeit wurde in einem großen, mit Wasser gefüllten Eimer das „Geschirr" ausgesprochen großzügig sauber gemacht. Die Feinreinigung übernahmen die Mütter zuhause, damit am nächsten Tag Becher und Löffel in ordnungsgemäßem Zustand in den Ranzen kamen. Die „Schulspeisung" trug ganz erheblich zur Entspannung der Ernährungslage bei. Die Eltern waren sehr dankbar dafür. Für uns Kinder stellte allerdings so manche Mahlzeit eine wahre Herausforderung dar. Nicht alles war nach unserem Geschmack. Nicht dass wir etwa heikel gewesen wären. Erbsensuppe mit Wursteinlage erfreute sich allergrößter Beliebtheit. Davon holte sich manch einer einen Nachschlag, wenn genügend geliefert worden war. Auch so eine Art Gulasch mit einer Scheibe Brot schmeckte prima. Dagegen verursachte die abenteuerliche Kombination von Kakao mit darin schwimmenden Nudeln bei vielen von uns im Gaumenbereich derart ungeahnte Reizzustände, dass es ab und an zu ungewollten Spontaneruptionen kam. Zum Essenfassen war man aber nicht verpflichtet. Man konnte auf die „Schulspeisung" durchaus auch verzichten. So kam es, dass je nach „Menü" die Länge der Warteschlange großen Schwankungen unterlag.

Hilfe aus Amerika – die Care-Pakete

Eine weitere Hilfsmaßnahme der Amerikaner stellten die sogenannten „Care-Pakete" dar. In genormten Schachteln aus dicker, brauner Pappe, die ungefähr der Größe eines Schuhkartons entsprachen, waren verschiedene Sachen verpackt, die man damals bei uns nicht bekommen konnte. Vor allem waren das allerlei nicht verderbliche Lebensmittel in Dosen, aber auch Süßigkeiten und Toilettenartikel. In erster Linie war der Inhalt der Päckchen auf die Bedürfnisse von Kindern abgestellt. Diese Hilfssendungen stammten von US-Bürgern, waren heiß begehrt und trugen durchaus auch zur Linderung der allgegenwärtigen Not bei, hoben aber auch zugleich das Ansehen der Vereinigten Staaten ganz allgemein. Die „Care-Pakete" wurden an die Schulen ausgereicht. Dort übernahmen dann die Lehrkräfte die Verteilung an die Kinder. Die Ausgabe mutete stets wie eine Art Bescherung an. Aber bei weitem nicht jeder von uns kam in den Genuss eines dieser Päckchen. Deren Anzahl war nämlich begrenzt und war nie

US-Care-Paket (Zeichnung Rupert Berndl)

ausreichend, um alle Schüler zu bedenken. So mussten die Lehrer darüber entscheiden, wer eines bekommen sollte. Denn die wussten in aller Regel über die häuslichen Verhältnisse ihrer Schützlinge Bescheid. Die Waisenkinder wurden zunächst bedacht. Die ganz dünnen Kerlchen, die offensichtlich Unterernährten, rangierten an zweiter Stelle. Und von denen hatten wir ziemlich viele. Eine einigermaßen gerechte Abgabe der jetzt noch übrig gebliebenen „Care-Pakete" an den Rest der Klasse gestaltete sich als schwierig. So kam unser Lehrer auf eine grandiose Idee. Die Personenwaage sollte den Ausschlag geben und die Aushändigung der heiß begehrten Päckchen objektivieren helfen. Jetzt ging es nach Gewicht. Den Leichtesten wurden die restlichen Kartons übergeben. Ich ging immer leer aus, konnte keine der Care-Paket-Voraussetzungen erfüllen. Das empfand ich als ziemlich ungerecht, zumal Manfred, mein Cousin, der drüben in der Innstadt die Schulbank drückte, manchmal zwei oder drei dieser Schatzkistchen mit nachhause bekam. Dass dies eventuell damit zusammenhing, dass seine Mutter an derselben Schule Lehrerin war, dessen wurde ich mir erst viel später bewusst. Die Welt ist eben manchmal ungerecht!

Spielsachen – Mangelware

Kriegsspielzeug

Spielsachen konnte man in den Kriegsjahren nur schwer bekommen. Die Industrie war fast ausschließlich auf die Produktion von Kriegsgerät ausgerichtet. Wer da als Kind nicht auf elterliche Spielzeug-Restbestände zurückgreifen konnte, war arm dran. Mein Spielzeugdepot gliederte sich während der Kriegsjahre in einen friedlich-zivilen und einen militärisch-kriegerischen Bereich. Zu den pazifistischen Objekten zählte ein zerschlissener, schwarz-weiß gefleckter Hund namens Foxl mit Holzwollfüllung, ein eifrig turnender Hampelmann sowie ein von Mutter eigenhändig geschnitzter und farbenfroh gekleideter Kasperl. Die kindliche Phantasie ließ ihn trotz seiner anatomischen Unzulänglichkeiten zu einer perfekten Figur werden, mit der man herrlich spielen konnte. Ein mit bunten Stoffsegmenten überzogenes, dickes Wollknäuel diente als Ball. Der absolute Renner war jedoch eine hölzerne Lokomotive mit Kohletender. Die war so groß, dass ich auf dem Blechdach des Lokführerstandes sitzen konnte. Ich war ungeheuer stolz, wenn mich Mama mit dem Gefährt auf der Gasse hin und her zog. Vater hatte sie von einem seiner Leute in Russland fertigen lassen und brachte sie anlässlich eines Fronturlaubs mit nachhause.

35 | *Selbst gefertigtes Spielgerät, Lokomotive mit Tender*

Sie war mein Favorit. Ich besitze sie heute noch.

Diesen Objekten standen auf militärischer Seite gegenüber: Ein aus Blech geformter, liegender Soldat mit einem Gewehr im Anschlag. Wenn man diesen mit einem Schlüssel aufzog, der in seinem Rücken steckte, dann gab es ein ratterndes Geräusch und Funken sprühten aus dem Gewehrlauf. Außerdem verfügte ich noch über eine hölzerne, in Tarnfarben bemalte Kanone mit zwei großen Speichenrädern. In das Kanonenrohr konnte man Bomben ähnliche Holzstückchen stecken, die mithilfe eines Federzugs abgefeuert werden konnten. Die Spielbomben waren in einem Stoffsäckchen mit dem Aufdruck „Munition" deponiert. Diese Geschosse waren es, die nach Kriegsende für Verwirrung sorgten, als es hieß, alle Munition und sämtliche Schusswaffen abzugeben.

Unsere Spiele in der Nachkriegszeit

Nach dem Krieg spielte sich die Freizeitgestaltung überwiegend außerhäusig ab. Mit zunehmendem Alter wurde der Kontakt zu den Buben in der näheren Umgebung immer wichtiger. Mädchen spielten damals (noch) keine Rolle. Man mied sie tunlichst. Mit ihnen konnte man einfach nicht richtig spielen. Sie machten meist mit ihren komischen Puppen rum und trauten sich nichts. Immer hatten die Angst! Unsere Bubengruppe, die sich nach dem Krieg in der Nachbarschaft zusammengefunden hatte, schwankte in ihrem Umfang zwischen zehn bis fünfzehn Freunden. Fast alle unsere Väter waren Bahnbedienstete. In dieser Zeit gab es in den Familien noch vergleichsweise viel Nachwuchs. Die meisten von uns hatten mehrere Geschwister. Als Einzelkind sah ich mich da immer Leid. Umso wichtiger war für mich der Kontakt zu den Nachbarsbuben. So ziemlich alle von uns wohnten in der Bahnhofstraße, in den großen

36| *Mädchen mit Puppen*

117

Bahn eigenen Mehrfamilienhäusern, dem sogenannten Schreinerhaus, der zweiflügeligen Güterstation und den Bahnhofsgebäuden mit ihren Dienstwohnungen. Hier lebten die Göschl-Zwillinge Hubert und Hermann, die Böhmer-Buben, die Unfried, die Rohrmoser und wie sie alle hießen. Einige von uns kamen aus den engen Gassen, die zur Donau hinunterführten, aus der Maghalettigasse, die es bei den Bombenangriffen besonders schwer erwischt hatte. Etliche Häuser waren hier komplett zerstört und wurden jetzt langsam wieder aufgebaut, die Schäden ausgebessert. Überall gab es Baustellen. Für uns ein ideales Spielgelände! Trotz der vielen Hinweisschilder: „Betreten der Baustelle verboten. Eltern haften für ihre Kinder".

Zusammen mit fünf, sechs Gleichaltrigen gehörte ich zu den Jüngsten unserer Freundesgruppe. Die Ältesten waren schon etwa vierzehn. Zu ihnen blickten wir auf. Sie waren unsere Anführer, kannten allerlei Tricks und Schliche, in die sie uns sukzessiv einweihten. Nicht alles dabei entsprach den Vorstellungen unserer Eltern. Manches musste geheim bleiben, fiel unter das Schweigegebot, bei dessen Übertretung der Ausschluss aus der Gemeinschaft drohte. Nichts fürchtete man mehr. Wir Kleineren fühlten uns unglaublich wichtig, wenn uns die Älteren an dem einen oder anderen „großen Geheimnis" teilhaben ließen und sich mit uns abgaben.

Wenn es das Wetter und die Hausaufgaben zuließen, hielten wir uns überwiegend im Freien auf. Zu den harmlosen Freizeitbeschäftigungen zählten das Versteck- und Fangenspielen, Häusl hüpfen, Reifen treiben, Fußballspielen und Schlittenfahren. Aber bei weitem interessanter war das Spielen in den Ruinen. Von den besorgten Eltern zwar untersagt, zeigten sich das Erkunden der Häuserreste und das systematische Erforschen der nicht verschütteten Keller unter der Führung unserer älteren Kameraden als ausgesprochen spannende Abenteuer. Der Gefahr, die von eventuell einstürzenden Gewölben, von verborgener Munition oder vielleicht verschütteten Blindgängern ausging, waren wir uns in keiner Weise bewusst.

Mitten im Ruinenfeld der ehemaligen Güterhalle stand eine ziemlich ramponierte, kleine Rangierlok. Sie war offensichtlich während eines Bombenangriffs vom Gleis gerissen und durch die Luft geschleudert worden, landete auf den Rädern und stand nun auf der benachbarten Ruinenfläche. Aufrecht, als stünde sie ordnungsgemäß auf Schienen. Die Lokomotive zog uns magisch an. Hier spielten wir Lokführer, machten uns an den Hebeln und Rädern im Führerstand zu schaffen, lasen die beschädigten Armaturen ab und ließen nur mitfahren, wer uns zu Gesicht stand. Die Vorderfront des großen Druckkessels, der ehemals den Dampf beinhaltete, bestand aus einem massiven, schweren Deckel, der mit einigen Handrädern zu öffnen war. Der Innenraum, der sich dann auftat, war immerhin so groß, dass einige von uns darin spielend Platz fanden. Im Laufe eines unserer Versteckspiele kletterten einige meiner Freunde und ich hier hinein. Ein prächtiges Versteck! Den ominösen Deckel, der über zwei Scharniere zum Öffnen weggeschwenkt werden konnte, hatten wir, um nicht entdeckt zu werden, hinter uns kräftig zugeschlagen.

Mit einem Mal ist es stockdunkel, unheimlich. Niemand würde uns hier vermuten. Es findet uns auch tatsächlich keiner. Die Zeit verstreicht. Lange warten wir, bis wir uns dazu entschließen, die Tür wieder aufzuschwenken und uns den Suchenden als Sieger zu präsentieren. Wir tasten uns an den schweren Deckel heran, der die runde Öffnung verschließt. Man sieht nichts. Aber alles Drücken und Schlagen nützt nichts. Es gelingt uns nicht, die Eisentür aufzustemmen. Wir verlegen uns jetzt aufs Schreien und Klopfen. Einige bekommen es mit der Angst zu tun. Tränen fließen, Panik bricht aus und weicht nach einiger Zeit schierer Verzweiflung. Das Schlimmste ist die absolute Finsternis. Was ist, wenn uns niemand entdeckt? Jegliches Zeitgefühl geht verloren. Endlich, nach einer gefühlten Ewigkeit, wird der runde Stahldeckel aufgezogen. Papa schaut herein. Wir sind gerettet.

Die Ausdrücke, die er gebrauchte, um unsere Versteckerei zu bewerten, können an dieser Stelle nicht wiedergegeben werden. Eine geraume Zeit hielten auch die Schwüre an, nie wieder gegen die Gebote der Eltern zu verstoßen. Unsere Lokomotive wurde gleich in den folgenden Tagen mit schwerem Gerät geborgen und entfernt.

In den warmen Sommermonaten hielten wir uns besonders gerne an der Donau auf, die nahe an unserem Haus vorbeifloss. Das Ufer wurde zum Badestrand. Immer waren Mütter dabei, um uns zu beaufsichtigen. Zumindest so lange, bis jeder von uns gut schwimmen konnte. Als wir dann im Laufe der Jahre zu der Ansicht gelangten, die verschiedenen Techniken, sich über Wasser halten zu können, sicher zu beherrschen, wurden wir im Umgang mit dem nassen Element immer kecker. Die Eltern wussten natürlich um die Gefahren, die bei schnell fließenden Gewässern nun mal

37 | *Baden in der Donau, Passau*

lauern. Wenn man sich zu weit hinauswagte, konnte man leicht abgetrieben werden. Besonders gefürchtet waren die starken Strudel, die einen in die Tiefe zogen und hier festhielten. Immer wieder gab es bedauerliche Unfälle, ertrank jemand. Deshalb wurden wir ständig zur Vorsicht ermahnt, wurden „Baderegeln" aufgestellt, an die wir uns auch fast immer hielten.

Zwei unserer älteren Kumpel, der Schulze Leo und sein Zwillingsbruder Alfred, deren Vater in der Bahnhofstraße eine Autowerkstätte betrieb, versorgten uns gelegentlich mit ausgedienten, defekten Schläuchen aus LKW-Reifen. Die wurden dann unter der fachmännischen Anleitung der beiden Brüder geflickt und mutierten schließlich in aufgepumptem Zustand zu großen, schwarzen Schwimmreifen. Es war stets ein riesen Hallo, wenn unsere „Schiffe" zu Wasser gelassen und bestiegen wurden. Dabei setzten wir uns, beide Beine seitlich im Wasser, auf die prall gefüllten Schläuche und bewegten mit selbst zusammengenagelten Paddeln unsere runden Wasserfahrzeuge nahe am Ufer flussabwärts. Einige hundert Meter unterhalb unseres „Heimathafens" gingen wir dann an Land und schleppten unsere schweren Schlauchboote wieder zurück. Manchmal banden wir mehrere Reifen zusammen, legten Bretter darüber und bekamen auf diese Weise einen flotten Schiffszug.

Gute Schwimmer unter den Erwachsenen nahmen gerne Kurs auf den „Dullinger", einen flachen Felsrücken mitten in der Donau, auf halber Strecke gelegen zwischen unserem Badeplatz und der direkt gegenüberliegenden Brauerei Hackelberg am anderen Ufer. Bei Niedrigwasser ragte dieser Granitriegel aus dem Fluss. Sein Name leitet sich ab von einem früheren Besitzer der Brauerei Hackelberg, Franz Dullinger, in dessen Hände sie um 1870 durch Erbschaft gelangt war. Der Fels stellte für die Flussschifffahrt eine große Gefahr dar. Meistens war er überspült und damit nicht sichtbar. Immer wieder fuhren Schleppkähne hier auf.

Manchmal machten es die Älteren unter uns den Erwachsenen nach und schwammen weit in die Donau hinaus. Besonders dann, wenn sich flussaufwärts langsam ein Schiffszug näherte. Da gab es hohe Wellen, von denen sie sich schaukeln ließen. Es gab auch ganz Wagemutige. Die erklommen manchmal sogar das eiserne Steuerruder des letzten Schleppkahns und sprangen darauf mit einem kühnen Kopfsprung zurück in den Fluss. Das war sehr gefährlich und außerdem verboten.

Auch das Tauchen lernten wir von den Größeren. Und weil das die Eltern gar nicht gerne sahen, wurden die Tauchlehrgänge vorsichtshalber ein Stück flussaufwärts in Richtung Winterhafen abgehalten. Hier konnten wir in Ufernähe unbeobachtet und ungestört das Abtauchen und Luft anhalten üben. Damals war die Donau noch weit klarer als heute. So entdeckte einer unserer Tauchlehrer nicht weit vom Ufer entfernt einen wahren Schatz. Natürlich konnten wir unsere Neugier nicht zügeln, schwammen zu der Stelle und sahen uns die Sache unter Wasser an. Da lagen mehrere Gewehre, Pistolen, Bajonette, einige Granaten, etliche Blechkisten und jede Menge lose Munition verstreut auf dem Grund oder ragten aus dem schlammigen Sand. Vielleicht hatte diese Gegenstände jemand noch rechtzeitig vor dem Einmarsch der Amerikaner hier versenkt. Unter Androhung des Entzugs der Freundschaft vergatterten uns die Großen zu absolutem Stillschweigen. Niemand durfte von der Entdeckung erfahren. Wir mussten darauf schwören. Ein feierlicher, ernster Akt war das.

Wie sie später beteuerten, gingen unsere „Anführer" davon aus, dass von der Munition durch die lange Lagerung unter Wasser keine Gefahr mehr ausging. Jedenfalls tauchten sie in den Abendstunden, als wir Kleineren längst zuhause sein mussten, heimlich Stück für Stück aus dem Fluss und versteckten die Beute unter Sträuchern an der steilen Uferböschung. Erst viel später erfuhren wir, dass unsere „Bosse" schon kurz nach ihrer Tauchaktion die interessantesten Teile aus dem Schatzfund ohne unser Wissen verhökert hatten. Ein lukratives Geschäft. Die Amerikaner waren nämlich auf derlei Objekte ganz scharf. Für sie waren das interessante Souvenirs, die sie über den großen Teich mit nachhause nehmen wollten. Der Handel mit Kriegsgerät aller Art war zwar strengstens verboten, aber trotzdem wurden unter der Hand immer wieder Uniformen, Waffen und Orden angeboten. Die Gegenleistung bei diesen Tauschgeschäften bestand in der Regel aus Zigaretten oder Lebensmitteln. Scheinbar waren damals unsere Großen zumindest zeitweise ganz schön im Geschäft.

Der Rest von unserem Fund sollte einem Altmetallhändler an der Donaulände zum Kauf angeboten werden. Es gab gleich nach dem Krieg eine ganze Anzahl von „Schatzsuchern", die in den Ruinen nach Verwertbarem suchten. Vor allem mit Schrott verdienten sich diese Leute ein kleines Zubrot. Altmetall war gefragt und wurde von den Schrotthändlern gerne entgegengenommen.

Unsere „Gang" verfügte über ein eigenes Fahrzeug. Ein alter herrenloser Leiterwagen, den wir aus einem der Ruinenkeller mühsam geborgen hatten, diente vorzugsweise als Spielgerät. Da saßen dann hinter dem Lenker, der zum Steuern des Gefährts die Deichsel zwischen die Beine geklemmt hatte, abwechselnd ein paar von uns, wenn wir mit Hallo durch die Gassen hinab zum Uferweg ratterten. Diesmal sollte unser Wagen für einen eher heiklen Gefahrguttransport zum Einsatz kommen. Mit drei jener in der Donau entdeckten schweren Blechkisten, gefüllt mit MG-Munition, etlichen Teilen von Sturmgewehren und einer Anzahl Granaten, wurde er beladen. Die Ladung wurde vorsorglich abgedeckt mit alten, zerschlissenen Jutesäcken, um sie vor neugierigen Blicken zu schützen. Uns Kleinen wurde die zweifelhafte Ehre zuteil, die „heiße Ware" ziehen und schieben zu dürfen. Wahrscheinlich, weil wir Pimpfe am ehesten als unauffällig gelten würden. Wir aber waren mächtig stolz! In einigem Abstand folgten die Großen. So holperten wir den Uferweg neben dem Hafengleis entlang zum Schrottplatz. Dort sollte unser Schatz abgegeben werden. Der damals schon ziemlich betagte, immer mürrische Altmetallhändler ergriff, nachdem er die Tarnsäcke von der Ladung weggezogen hatte, sofort die Flucht und verschwand hinter einem hohen Schrotthaufen. Aus sicherem Versteck rief er uns mehrmals zu: „Buam rennts! Buam rennts, bevor oiss in d'Luft fliagt!" Waren wir uns bei Transport und Anlieferung zunächst keiner Gefahr bewusst, so klangen die Rufe des alten Mannes dermaßen eindringlich und überzeugend, dass wir alle miteinander augenblicklich das Weite suchten. Vorsichtshalber zogen wir uns so weit zurück, dass wir noch Blickkontakt zu unserem offensichtlich riskanten Transport hatten, uns aber niemand mehr hinter den Sträuchern ausmachen konnte, hinter denen wir uns versteckten. Langsam wurden wir uns der Illegalität unseres Tuns bewusst und der Gefahr, der wir offensichtlich beim Transport ausgesetzt waren. Der Schwur, niemandem von dem Erlebnis zu erzählen, wurde eindringlich erneuert und auch gehalten. Später wurde erzählt, dass das Zeug der amerikanischen Militärpolizei zur Entsorgung übergeben worden war. Nachforschungen über die Lieferanten verliefen im Sande, weil auch der Schrotthändler dicht gehalten hatte. Der kannte uns nämlich sehr wohl, hatten wir doch öfter schon verrostete Eisentrümmer bei ihm abgeliefert, die wir aus Ruinen geschleppt hatten. Das bisschen Geld, das wir dabei erlösten, steckten stets die Großen ein. Unser Anteil wurde mit Karamellen abgegolten, jenen in Papier gewickelten, weichen Bonbons, die wegen ihrer zähen Klebrigkeit als „Plombenzieher" bezeichnet wurden.

Kleidung – Not macht erfinderisch

Besonders schlimm war es immer, wenn ein Kleidungsstück unter unseren, manchmal doch recht ungestümen Spielen stark gelitten hatte, wenn eine Hose zerrissen war, Schuhe sich von der Sohle trennten oder man einer Mütze oder der Handschuhe verlustig ging. Das glich in Anbetracht des eklatanten Mangels an Kleidungsstücken einer mittleren Katastrophe. Da konnten die ansonsten verständigsten Mütter ganz schön sauer werden. Denn die dadurch notwendig gewordenen Reparaturarbeiten, das Waschen, Flicken, Nähen und Stricken kostete zusätzlich Zeit. Den Großteil unserer Gewandung fertigten unsere findigen Mütter selbst an. Sie färbten Decken und ehemalige Wehrmachtskleidung um und nähten daraus Hosen, Jacken und Mäntel. Fast in jedem Haushalt stand eine Nähmaschine, die über eine ständig zu tretende Fußwippe betrieben wurde. Kleidung und Schuhe der älteren Geschwister wurden an die jüngeren weitergegeben und aufgetragen. Pullover, Westen, Mützen und Handschuhe für den Winter, ja sogar lange Hosen, wurden von Müttern und Omas aus Wollresten gestrickt. Alte Stricksachen trennte man auf und fertigte daraus, vor allem an den langen Winterabenden, erneut wollene Designerstücke. Was noch einigermaßen verwertbar war, wurde erneut in den Kleidungskreislauf zurückgeführt. Ich hatte das Glück, dass Großvater gelernter Sattler war. Für meinen Cousin und mich fabrizierte er stabile Hosenträger und Klapperl (Sandalen), reparierte fachmännisch Schuhwerk wie Lederhosen. Ein Teil seines Spezialwerkzeugs tut in unserer Familie heute noch gute Dienste und wird ansonsten in Ehren gehalten.

Auch uns Buben verpasste man in der kühlen Übergangszeit zu den kurzen Hosen die langen, ungeliebten Wollstrümpfe. Die kratzten in der Regel ganz fürchterlich und waren mit Strapsen am Unterhemd befestigt, damit sie nicht nach unten glitten. Strapse fand ich damals überhaupt nicht sexy. Ich hasste das Zeug und schämte mich damit. Diese entehrende Übernahme aus einer ansonsten nur den Mädchen vorbehaltenen Grundausstattung wurde in Bubenkreisen als absolut diskriminierend empfunden.

Die Währungsreform

Unmittelbar vor Kriegsanfang begann die von der Reichsregierung verordnete Bewirtschaftung aller zivilen Güter. Nahrungsmittel waren zu festgesetzten Preisen nur noch gegen die verhassten, monatlich ausgegebenen Lebensmittelmarken zu bekommen. Alles andere, Kleidung, Schuhe und so weiter erhielt man ausschließlich gegen Abgabe eines Bezugsscheines, den man obendrein vorher beantragen musste. Damit war das Grundprinzip der Preisbildung, das Zusammenspiel von Angebot und Nachfrage, außer Kraft gesetzt worden. Der Devisenverkehr wurde erheblich eingeschränkt, um den Geldabfluss zu verhindern.

Durch die Weiterführung der Zwangsbewirtschaftung durch die Alliierten, den Abbau von Fabrikanlagen und die Einschränkungen in der landwirtschaftlichen Produktion verringerte sich das Angebot an Gütern für den täglichen Bedarf zunehmend. Außerdem wurden in vielen Geschäften verbotenerweise Waren zurückgehalten, regelrecht gehortet, zumal man davon ausgehen konnte, dass über kurz oder lang eine Reform der Währung kommen musste. Aus dem gleichen Grund stiegen in den Betrieben die Bestände an Rohstoffen und Halbfabrikaten.

Außerdem hatte die Reichsmark, als die bis Juni 1948 offizielle deutsche Währung, ihre Funktion als Zahlungsmittel weitgehend verloren. Sachwerte ersetzten die Münzen und Scheine. Der Tauschhandel auf den Schwarzmärkten blühte. Dass eine baldige Rückkehr zu geordneten Verhältnissen dringend notwendig war und unmittelbar bevorstand, konnte man erahnen. Und dann war es soweit. Am Freitag, den 18. Juni 1948 wurde die Bevölkerung über den Rundfunk, durch Plakate und Aushänge über den Ablauf der Währungsreform informiert. Erstaunlicherweise blieben am Samstag, den 19. Juni die Geschäfte wegen „Erkrankung", „Umbau", oder weil sie „ausverkauft" waren, geschlossen. Ebenso „erstaunlich" war es, dass sich am darauf folgenden Sonntag wie durch ein Wunder die Schaufenster mit zurückgehaltenen, gehorteten Waren füllten. Plötzlich gab es Zigaretten, Schnaps, Lebensmittel, Schokolade, Bonbons, Schuhe, Kleidung und Toilettenartikel. Das ließ so manchen Geschäftsinhaber in einem nicht besonders sozialen Licht erscheinen.

Am Montag erfolgte die Umstellung, und ab 21. Juni war die Deutsche Mark das einzig gültige Zahlungsmittel in den westlichen Zonen. Lange Schlangen bildeten sich am Montag, den 20. Juni vor den deklarierten Ausgabestellen, als zunächst jede Person ein Kopfgeld von vierzig DM erhielt. Bis zum Stichtag 26. Juni 1948 mussten an den ausgewiesenen Umtauschstellen die alten Reichsmark abgeliefert werden. Sie wurden im Verhältnis zehn zu eins gegen D-Mark umgetauscht. Wegen des verhältnismäßig geringen Kopfgeldes verlor sich erst allmählich die anfängliche Kaufzurückhaltung.

Schon bald war ein wirtschaftlicher Aufschwung spürbar. Ruinen wurden beseitigt, Neubauten füllten die Lücken, die von Bombern in die Straßenzüge gerissen worden waren. Ein Ruck ging durch die Menschen. Hoffnung und Zuversicht keimten auf. Tatkraft, Fleiß und ein unbändiger Lebenswille bildeten das Fundament für unseren heutigen Wohlstand.

Schlussgedanke

Wir zwischen 1938 und 1943 Geborenen hatten das große Glück, nach dem Krieg in politisch und wirtschaftlich sicheren, geordneten Verhältnissen aufzuwachsen. Wir konnten unser Leben frei nach unseren eigenen Vorstellungen gestalten und formen. Trotzdem hat bei vielen von uns der Krieg unauslöschliche Spuren hinterlassen, die bis zum heutigen Tag in unterschiedlicher Ausprägung nachwirken. Diese psychischen Furchen haben sich in unserem Innersten tiefer eingeprägt, als so manche vergleichsweise friedlich unbeschwerten, „harmlosen" Erlebnisse nach 1948.

Bleibt nur zu hoffen, dass die politisch Verantwortlichen der Vernunft oberste Priorität einräumen und den Frieden als ein besonders hohes Gut der Menschheit begreifen.

Anhang

Erfindungsreich und aus der Not geboren – einige interessante Rezepte aus der Kriegs- und Nachkriegszeit (1943–1948)

In Zeiten, in denen die Lebensmittel knapp und sogar die wichtigsten Grundnahrungsmittel häufig nicht zu bekommen waren, verstanden es die findigen Hausfrauen, selbst noch aus dem geringen Angebot Speisen zu bereiten. Oftmals kamen dann alte, von Generation zu Generation weiter überlieferte einfache Rezepte zu neuen Ehren. Ein kleiner Auszug aus den Notizen einer Hausfrau und Köchin (Frau Elisabeth Zoidl, Waldkirchen) soll dies belegen.

Suppen

Mehlsuppe

½ Liter Milch, ½ Liter Buttermilch, 50g Roggenmehl, Salz, 2 Esslöffel Sauerrahm

Milch und Buttermilch erhitzen. Das Roggenmehl wird mit etwas Wasser zu einem zähflüssigen Teig verrührt und in die kochende Milchsuppe eingerührt. Nach wenigen Minuten dickt die Suppe ein. Mit Salz würzen. Mit Sauerrahm kann die Suppe verfeinert werden (ist aber nicht unbedingt erforderlich). Als Einlage gekochte Kartoffeln.

Verkochte Brotsuppe

12 Scheiben Brot, 3 große Zwiebeln, 30g Fett, Wurzelwerk

Altes, hart gewordenes Brot wird über Nacht in kaltem Wasser eingeweicht. Dabei entsteht ein Brei, den man langsam weich kocht und durch ein Sieb reibt. Jetzt werden Zwiebeln und Wurzelwerk klein geschnitten, mit ein wenig Fett angeröstet und dann abgedeckt weich gedünstet. Das gibt man darauf in die Brotsuppe. Nochmals kurz aufkochen lassen.

Hauptgerichte

Dorschen

500g Rüben, 1 Teelöffel Zucker, 25g Fett, 1 Esslöffel Mehl, ¼ Liter Fleischbrühe

Rüben schälen, länglich schneiden in der Stärke eines Fingers, in einen Topf geben und mit Fett, Zucker und Fleischbrühe zugedeckt weich dünsten. Eine Viertelstunde vor dem Anrichten mit Mehl stauben und mit Brühe aufgießen.

Kartoffelzelten

2 kg frisch gekochte Kartoffeln, Salz, 4 Eier, 7 Esslöffel Mehl, 40g Fett

Kartoffeln kochen, kalt werden lassen, schälen und durch die Kartoffelpresse drücken. Mehl, Eier und eine Prise Salz dazu. Daraus einen festen Teig kneten, den man zu einer Rolle formt in der Stärke von zwei Fingern. Von dieser Rolle fingerdicke Scheiben abschneiden und in der wenig gefetteten Pfanne braten. Apfelkompott dazugeben.

Schusterfleckl

2 kg gekochte Kartoffeln, 280g Mehl, 1 Prise Salz, 120g Schmalz

Die Kartoffeln kochen, schälen, erkalten lassen und durch die Kartoffelpresse drücken. Mehl dazu und mit Salz abschmecken. Zu einem festen Teig kneten und daraus etwa Handteller große, fingerdicke Fladen ausrollen und in der gefetteten Pfanne hellbraun braten. Man gibt Sauerkraut oder Kompott dazu.

Süßspeisen

Kartoffelkuchen

1 Pfund fein geriebene, gesottene Kartoffeln, 4 Eier, ½ Pfund Staubzucker oder Rübensirup, dieses ½ Stunde rühren, dann bei mäßiger Hitze backen.

Grüne Tomatenmarmelade

2 Pfund grüne Tomaten in dünne Scheiben geschnitten im eigenen Saft
¼ Stunde kochen, dann 1½ Pfund Zucker oder Rübensirup hinein, den
Saft und die Schale einer Zitrone, 1 Kochlöffel voll gemahlenen Zimt
und noch ½ Stunde weich und dick einkochen. Wenn man keine Zitrone
bekommt, geht es so auch.

Fichtenhonig

1 Pfund frisch gezupfte, junge Fichtentriebe und 2 Liter Wasser
3 Stunden sieden lassen, bis alles gut weich ist, durch ein leinernes Tuch
seien. 2 Liter Saft, 3 Pfund Zucker oder Zuckerrübensirup nun wieder so
lange sieden, während des Kochens immer wieder abschöpfen.

Obst und Gemüse

Rannersalat

5 Ranner (Rote Rüben), 1 Liter gesalzenes Wasser, 2 Esslöffel Zucker,
4 Lorbeerblätter, ¼ Liter Essig, 2 Zwiebeln, 1 Gewürznelke
Ranner weich kochen, schälen und in Scheiben schneiden. Aus gesalze-
nem Wasser, Essig, Lorbeerblättern, Zucker und Nelke einen Sud
machen. Da hinein die Rannerscheiben und die in dünne Scheiben
geschnittenen Zwiebeln geben. Einige Stunden durchziehen lassen.

Einmachgurken

20 Pfund Gurken werden gut gewaschen und abgetrocknet, mit der
Schale gehobelt, gut gesalzen und 3–4 Stunden stehen lassen. 1½ Liter
Weinessig, ½ Pfund Zucker oder Sirup aus Rüben, 8 große Zwiebel,
Gurkengewürz, alles in einem Tiegel ¼ Stunde kochen lassen, Gurken
ausdrücken und, wenn der Essig kocht, hineingeben, ¼ Stunde kochen,
länger nicht.

Gefüllte Gurke

Kurz vor der Zubereitung wird die Gurke geschält, Kerne mit dem Löffel herausgekratzt, dann die Gurke leicht gesalzen und gefüllt.

Fülle: 1 Stück Butter schaumig rühren, 1–2 Eier dazugeben, etwas ganz fein gehackte Zwiebel, Petersilie, etwas abgeriebene Zitronenschale und Salz, zu dieser Masse gibt man geriebene, alte Semmeln oder Brot, jedoch nicht zu viel, da sie viel aufsaugt. Die Fülle rechtzeitig herrichten, dass sie anziehen kann, ehe man die Gurke füllt. Die Gurke füllen und mit Garn umwickeln, mit Butter oder Schmalz anbraten, dann gießt man wenig Wasser zu und dünstet sie gar.

Getränke

Himbeersekt

7 Liter Wasser, Saft von 1 Pfund Himbeeren, 2 Pfund Kandiszucker, 1 Pfund weißen Zucker, Saft von 2 Zitronen, ⅛ Liter Essig, ½ Liter Weingeist, alles zusammenschütten und 2 Tage an die Sonne stellen, leicht zudecken, in Flaschen füllen, gut verschließen, liegend aufbewahren, in 8 Wochen fertig.

Heidelbeerschnaps

8 Liter Heidelbeeren in 2 Liter Wasser 1 gute Stunde kochen und rühren, dann ablaufen, den Saft kalt werden lassen, dazu 1 Pfund Zucker zergehen lassen und dann ½ Liter Weingeist dazu, in Flaschen füllen, gut verkorken.

Hagebuttenwein

1 Liter zerschnittene Hagebutten, 1 Pfund Zucker oder Sirup, 2 Liter Wasser 1 Stunde kochen, abseihen, an die Sonne stellen, in Flaschen füllen.

Hollerwasser

Man nimmt zu 1 Pfund Hollerblüten 10 Liter Wasser, 1 Zitrone in
Scheiben geschnitten, ½ Liter Essig, 1 ½ Pfund Staubzucker, tut dies alles
in einen Eimer, stellt ihn 4 Tage in den Keller, rührt es täglich um, nach
4 Tagen abseihen und in Flaschen füllen.

Für Hygiene und Gesundheit

Kalte Seife

3 Pfund Fett oder Unschlitt
½ Pfund Laugenstein
½ Liter lauwarmes Wasser
80 Gramm Pottasche

Arnika

¼ Liter Weingeist, ¼ Pfund Zucker oder Rübensirup, ¾ Liter Wasser,
15 große Arnikablüten getrocknet in einer Flasche gären, nach 6 Wochen
abseihen und in Flaschen füllen.

Hustenbonbons

Eine beliebig große Menge Zucker lässt man mit etwas Wasser und Essig
schmelzen. Ein bis zwei Zwiebeln werden fein gerieben und sofort dazu
gegeben. Wenn die Masse honigfarben geworden ist, gießt man sie auf
eine leicht eingefettete Kuchenplatte oder ein Backblech. Halb erstarrt in
Würfel schneiden, erkalten lassen und zu Bonbons brechen.

Quellenangaben

Becker, Winfried
Passau zur Zeit des Nationalsozialismus
Passau 1999
Entnazifizierungsprotokoll
Akte Rupert Berndl
Passau 1945
Heller, Horst Paul
2000 Jahre Passau
Passau 1991
Kellermann, Heinz
Die Front erreichte im 2. Weltkrieg auch Passau
Passau 2009
Kutzschenbach, Irene von; Sporer, Marianne
Alltag, der nicht alltäglich war
Passau 2000
Lanzinner, Maximilian
Zwischen Sternenbanner und Bundesadler
Bayern im Wiederaufbau 1945-1958
Regensburg 1996
Mader, Franz
Tausend Passauer
Passau 1995, Neue Presse Verlags-GmbH
Rammer, Stefan
Mahnmal für die Opfer des Nationalsozialismus
Passau 1996
Rosmus-Wenninger, Anja
Widerstand und Verfolgung am Beispiel Passaus
Passau 1983
Schaffner, Richard; Heller, Thomas
Zwischen Donau, Inn und Ilz
Passau 1989
Stadtarchive Passau und Waldkirchen
Verschiedene Akten aus dem Bestand 1943–1948
Wurster, Herbert
Die Diözese Passau und das Ende des Zweiten Weltkriegs
Passauer Bistumsblatt 1995
Zentner, Christian; Bedürftig, Friedemann
Das große Lexikon des Dritten Reiches
München 1985
Tageszeitungen
Donauzeitung, Passauer Zeitung, Passauer Neue Presse
Passau 1945–1948
Die Waldrundschau
Waldkirchen 1947–1952
Verschiedene mündliche Auskünfte Passauer Bürger

Bildnachweis

Stadtarchiv Passau:
Abbildungen Nummer 1, 10, 11, 15, 16, 17, 18, 19, 20, 21, 22, 23, 24, 31, 32, 34

Stadtarchiv Passau Nachlass Kogler:
Abbildungen Nummer 4, 5, 6,

Stadtarchiv Passau Vermessung:
Abbildung Nummer 9

Stadtarchiv Waldkirchen:
Abbildungen Nummer 26, 27, 29, 30

Archiv Berndl:
Abbildungen Nummer 2, 3, 7, 8, 12, 13, 25, 28, 33, 35, 36, 37

Schober, Außernbrünst:
Abbbildung Nummer 14

Dank

Ein Buch, das sich auseinandersetzt mit der schlimmen Zeit des zu Ende gehenden Zweiten Weltkrieges und den entbehrungsreichen, in jeder Hinsicht schwierigen Nachkriegsjahren, kann letztlich nur gelingen, wenn der Autor sachkundige Unterstützung von vielen Seiten erfährt. Deshalb möchte ich mich ganz herzlich bedanken bei den Freunden und Bekannten, von denen ich so manchen wertvollen Hinweis bekam, und bei Herrn Richard Schiffler, dem Archivar der Stadt Waldkirchen, dafür, dass er mir etliche Fotodokumente zur Verfügung stellte. Mein besonderer Dank geht an Herrn Günther Eckerl, der im Archiv der Stadt Passau zuständig ist für die Betreuung der umfangreichen Fotosammlung. Sein fundiertes Sachwissen und seine großzügige Unterstützung bei der Auswahl des Bildmaterials waren mir eine große Hilfe.

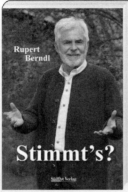
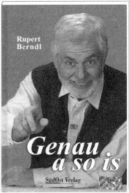